Tamar Lewinsky (Hrsg.)

Unterbrochenes Gedicht

Jiddische Literatur
in Deutschland 1944–1950

Aus dem Jiddischen übersetzt von
Tamar Lewinsky und Charles Lewinsky

Oldenbourg Verlag München 2011

Gedruckt mit Unterstützung von The Cahnman Foundation, New York

Bibliografische Information der Deutschen Nationalbibliothek
Die Deutsche Nationalbibliothek verzeichnet diese Publikation in der Deutschen
Nationalbibliografie; detaillierte bibliografische Daten sind im Internet über
http://dnb.d-nb.de abrufbar.

© 2011 Oldenbourg Wissenschaftsverlag GmbH, München
Rosenheimer Straße 145, D-81671 München
Internet: oldenbourg-verlag.de

Umschlaggestaltung: hauser lacour
Umschlagbild: Tree of Life, 1995. An Oil Painting by Samuel Bak. Image Courtesy of
Pucker Gallery, Boston (www.puckergallery.com).
Dieses Papier ist alterungsbeständig nach DIN/ISO 9706.
Satz: Maximilian Strnad, München
Druck und Bindung: Memminger MedienCentrum, Memmingen

ISBN 978-3-486-70588-1

INHALT

ERINNERUNGSBLASEN

Benjamin Harshav
(in Zusammenarbeit mit H. Binyomin)

An den Nahtstellen von Zeit und Raum tauchte ein Durcheinander von Gesichtern aus den Sümpfen auf: aus den realen Sümpfen, in der Eiszeit von Gletschern in den Dschungeln von Weißrussland hinterlassen, wo Partisanen aus Wilna sich versteckten und der Dichter Sutzkever sein eigenes und Freydkes Leben rettete – und aus den metaphorischen Sümpfen Europas nach der Sintflut. *Penimer in zumpn, penimer in zumpn* („Gesichter in den Sümpfen") – Sutzkevers Vision im Juni 1941 wurde im Oktober 1943 Wirklichkeit und rettete ihre Leben auf einer versunkenen Insel mitten in den Sümpfen und ihre Würde in Versfüßen und Reimen. Sutzkever war in keinem DP-Lager, aber auch er war ein „geretteter Rest" ein Rest, der Gedichte schrieb.

Ich war dort. Mit geschlossenen Lidern konnte ich alles sehen. In den Sümpfen des „geretteten Rests" (*Schejres Haplejte*) und auf dem Gerüst konstruierter Bedeutungen, über sechzig Jahre später. Ich war dort als gedachter Zeuge und ironischer Gelehrter.

Wir kletterten über Gerüste ins dritte Stockwerk der Münchner Pinakothek – nachdem wir in einer Straßenbahn aus Schwabing durch den Schutt Münchens gefahren waren –, um die *zaftigen*, blühenden weiblichen Körper eines Rubens zu betrachten, sie und den Rembrandt unseres Lehrers (später Professor für Kunstgeschichte in Jerusalem, Moshe Barash).

Das zerstörte München nach dem Holocaust war meine erste Universität. Ich las Rimbaud in einer dünnen deutschen (deutschen!) Ausgabe, William Carlos Williams, Mayakovsky, und Lorca in einer russischen Übersetzung, T.S. Eliots „Wasteland", von Ernst Curtius ins Deutsche übertragen und in der „Neuen Rundschau" veröffentlicht, einer ehrwürdigen deutschen Zeitschrift, die man in Stockholm bewahrt hatte, und Rilke, Rilke, Rilke, von einer verkrüppelten Naziwitwe in der Ruine gegenüber der Frauenkirche feilgeboten. Und Bücher mit jiddischer Poesie und Prosa, die der Jiddische Weltkulturkongress in New York nicht verkaufen konnte und nach Deutschland schickte, zu den letzten, die noch Jiddisch sprachen. Ich las alle sechzehn Bände von „Perspektiven", in drei parallelen Sprachausgaben (Deutsch, Französisch, Englisch) von der Ford Foundation publiziert, und verbrachte sechs intensive Monate im Weltseminar des Dror in Indersdorf, was die Geschichte der modernen jüdischen Ideologien und – ja! – die Geschichte der Renaissance-Kunst einschloss. 1947 hatte ich meine erste Stelle als Herausgeber: Ich gab „Lehavot" („Flammen") mit heraus, eine Monatsschrift für die jungen Menschen in den DP-Lagern. Ich lebte beim Zentralkomitee von Dror an der Maria-Theresia-Straße und träumte von Menschenwürde im Lande Israel. Als 1948 in München mein erster jiddischer Gedichtband erschien, publizierte die kanadische jiddische Zeitung „Keneder Odler" eine ganzseitige Besprechung: „A nayntsn-yoriker poet" („ein neunzehnjähriger Dichter"), als ob Dichter einundneunzig sein müssten.

Alles ging weiter „als ob", das Gefühl einer weltweiten jiddischen Literatur, die politischen Parteien von vor dem Krieg, die Diskussionen und Streitereien (*makhloykes*, eine jüdische Kunstform), die verschiedenen Kunstformen und Ideen, die Liebe und der Baby Boom, obsessive jüdische Sorgen neben (in meinem Fall) der Faszination für die Weltliteratur.

In der Behaglichkeit amerikanischer Universitäten konnten sich assimilierte deutsche Juden die Frage leisten: „Wie kann man nach Auschwitz Gedichte schreiben?" *Yidishe yidn* wussten, dass man das kann, immer gekonnt hat und auch muss. Wir hassten die Deutschen nicht. Wir verachteten sie (Wie konnten sie nur?).

In Glatshteyns Gedichten taucht immer wieder derselbe Reim auf: *verter / erter* („Worte / Orte") – die Worte trugen Orte in sich. Ein Gedicht aus den späten dreißiger Jahren fing die unverständlichen Wege der Existenz ein:

Nakht. In di tunklste erter finklen verter.
S'geyen op gantse shifn mit bagrifn.
Un du, bapantsert mit shvaygn un klug-zayn,
Viklst op vort fun meyn.

Nacht. Noch am dunkelsten Orte
funkeln Worte.
Fort segeln ganze Schiffe
voller Begriffe.
Und du, mit Schweigen und Klugheit gepanzert,
wickelst das Wort aus dem Sinn.

DP. Displaced Persons. Platzlose Menschen. Wir hassten dieses Wort. DP war etwas für Brotbezugskarten. Wir waren für niemanden am falschen Platz, unsere Füße klebten fest an einer Welt, wir hielten an ihrer Vergangenheit als unserer Zukunft fest und trugen sie in uns. Orte in Worten. DP war ein Etikett, eine Kategorie für Bürokraten. Wir schwebten auf einer Wolke aus jüdischer Geschichte, aus jiddischer Literatur, und die ganze Welt konnte uns gehören, wenn man uns nur irgendwo landen ließ.

Es gab keine einheitliche, strukturierte „jiddische DP-Literatur". Es gab Reste, „aus dieser Stadt einer, aus jener Familie zwei". Das waren einzelne Schriftsteller mit individuellen Lebensläufen, die auf dem Gebiet der DP-Lager und der deutschen Städte nur übernachteten.

Überreste einer gewesenen Nation, einer gewesenen Literatur, einer gewesenen Kultur. *Me makht zikh nisht visndik* („man tut, als ob alles in Ordnung wäre"), als ob es möglich sei, immer weiterzumachen.

Da war nicht nur Literatur: Zeitungen, Vorträge, Ansprachen, Schulen. Die allerersten Holocaust-Studien wurden dort publiziert, auf den noch heißen Spuren des *Churbn*, in unserer eigenen, privaten, hermetischen, störrischen Sprache. Eine Literatur, die fünf Jahre dauerte. (Für mich nur zwei Jahre.) So wie ihre Schreiber und Leser, die von irgendwoher und nirgendwoher auf dieser Insel gelandet waren – wie Uri-Zvi Grinberg schrieb: „in der Mitte der Welt, in der Mitte der Zeit".

Churbn war der jiddische Name für das Geschehene, der dritte *Churban* (in modernem Hebräisch), die totale Zerstörung der Nation, wie in der ersten und zweiten Zerstörung des Tempels. Einige Heroiker konnten *Churban* nicht akzeptieren und verwendeten das Wort *Shoah*, nur eine Naturkatastrophe. *S'vet gornisht helfn*: An *Shoah* hefteten sich alle Assoziationen von *Churbn*.

Diese Insel, die da über der Realität schwebte, war *a velt mit veltalakh* („eine Welt aus vielen unabhängigen kleinen Welten") – und das waren wir. Jede Kurzgeschichte, jedes Gedicht kann eine kleine Welt darstellen, mit ihrem ganz eigenen Stadium von Rhythmus und Bedeutung, wie das Geschichten und Gedichte tun. Aber hier ließ sich kein Vorhang darum herum ziehen. Die Richtung des Lesevorgangs kehrt sich um, und die wichtigsten Bedeutungen finden sich nicht in dem kleinen Text oder in seinem direkten Kontext, sondern in der Beschwörung von Welten außerhalb, in Zeit und Raum. Jeder Text, den du aufschlägst, ruft die nahe und die noch nähere Vergangenheit hervor, die antike Vergangenheit und die mythologische Vergangenheit, das persönliche Gestern und die Strahlen der Zukunft. Und jeder Text entsendet eine Raumstation voller erlebter Welten und Ideen ins All.

Diese Insel war auf doppelte Weise groß: in der Aufzeichnung des flüchtigen Augenblicks, der Reise, die niemand je wiederholen wird, aus dem kommunistischen Zentralasien in die zusammengebissenen Zähne des besiegten Deutschlands, in der Behauptung, das sei Realismus. Dies ist ein Zeugenbericht, eine Chronik: um zu sehen, wie es war. Und – am andern Pol – eine projizierte, imaginäre Plattform, wie ein Flugdrehkreuz, wo man ankommen und abreisen kann. Die Menschen, die man als DPs bezeichnete, steckten in einer Bruchstelle von Raum und Zeit fest. Man sollte sich an sie erinnern und sie wertschätzen. Das ist der absolute Nullpunkt: Die Welt ist zum Stillstand gekommen und wird langsam neu beginnen.

EINLEITUNG

Tamar Lewinsky

Wenige Monate vor der Kapitulation Hitlerdeutschlands verfasste der KZ-Häftling Meyer-Ber Gutman im Außenlager Kaufering des KZ Dachaus ein „Unterbrochenes Gedicht". Er stimmte darin eine Totenklage für all die ermordeten europäischen Juden an, die im Machtbereich der Nazis ohne Grabstein in Massengräbern verscharrt lagen. Und er intonierte diese Totenklage auch für sich selber, nicht wissend, ob noch jemand übrig war, der einmal um ihn trauern würde. Meyer-Ber Gutman überlebte den Holocaust und schrieb weiter. Fünf Jahre vergingen, bis sein erster Gedichtband in Druck ging. Das Buch, in das er auch sein Kauferinger Gedicht aufnahm, erschien 1949 in Bergen-Belsen, einem Flüchtlingslager unweit des Geländes des ehemaligen Konzentrationslagers. Denn zu diesem Zeitpunkt saß der aus Lodz stammende Dichter noch immer in Deutschland fest. Als Flüchtling, als Displaced Person, wie die Alliierten Besatzungsmächte sie damals nannten, musste er ausgerechnet im Land seiner früheren Verfolger ausharren.

Gutmans Gedichtband ist nur ein Beispiel aus einem bisher weitgehend unbekannten Kapitel der jiddischen Literatur, der Literatur der Schejres Haplejte („der gerettete Rest") in Deutschland. Mit diesem biblischen Ausdruck bezeichneten sich die jüdischen Displaced Persons, dieser verschwindend kleine Rest des osteuropäischen Judentums, der den Holocaust überlebt hatte. Insgesamt erschienen in Deutschland zwischen 1945 und dem Anfang der 50er Jahre rund dreißig literarische Werke in jiddischer Sprache, einige Sammelschriften und zahllose, über eine weit verzweigte jiddische Presse verstreute, Verse und Kurzgeschichten.

Diese Gedichte und Prosastücke zählen zu den frühesten Versuchen jüdischer Überlebender, sich der erlittenen Katastrophe literarisch zu nähern. Der *Churbn*, wie der Holocaust auf Jiddisch genannt wird, umfasste für die Verfasser nicht nur den nationalsozialistischen Genozid, sondern auch unterschiedliche Kriegserfahrungen, die traumatische Begegnung mit der Zerstörung und den Verlust von Familie und Heimat. Darüber hinaus zeugen diese Texte von der unmittelbaren und schmerzlichen Begegnung zwischen Tätern und Opfern im besetzten Nachkriegsdeutschland und zählen damit zu den frühesten Dokumenten einer deutsch-jüdischen Beziehungsgeschichte.

Biographische und historische Vorbemerkungen

Was wissen wir über diese Schriftstellerinnen und Schriftsteller, die in der unmittelbaren Nachkriegszeit den Versuch unternahmen, sich literarisch mit der Tatsache auseinander zu setzen, dass sie nicht nur Familie und Heimat verloren hatten, dass nicht nur ihre über Jahrhunderte gewachsene Kultur zerstört war, sondern dass letztlich auch ihre Sprache vom Untergang bedroht war? Wer waren diese Männer und Frauen, die unter schwierigsten Bedingungen ihre traumatischen Erlebnisse von Flucht, Vertreibung und Verfolgung zu Papier brachten?

Die meisten der in dieser Anthologie vertretenen Schriftsteller sind heute in Vergessenheit geraten. Oft existieren nur bruchstückhafte biographische Informationen und ihre Spuren verlieren sich nicht selten ganz. (Soweit sie sich eruieren ließen, finden sich ihre Kurzbiographien auf den Seiten 163–168.) Doch in diesen oft sehr lückenhaften Lebensgeschichten spiegelt sich – bis zum Ausbruch des Zweiten Weltkriegs – die Geschichte einer ganzen Generation jiddischer Autoren. Es ist die Geschichte derjenigen Schriftsteller, die während des Ersten Weltkriegs aufwuchsen, durch die Atmosphäre von Gewalt und Revolution geprägt wurden und die Hoffnungen und Enttäuschungen nach der Neuordnung Osteuropas nach dem Ende des Zarenreiches in sich trugen.

Warschau, Lodz, Vilnius (das damals zu Polen gehörte), aber auch das litauische Kaunas begannen sich damals zu blühenden Zentren einer modernen jiddischen Literatur und Presse zu entwickeln: Mit Mendele Mojcher Sforim war 1917 der letzte der drei jiddischen Klassiker aus dem Zarenreich gestorben, und eine neue Generation von Schriftstellern begann sich aus dem Schatten von Mendele, Scholem Alejchem und J.L. Peretz zu lösen. Das pulsierende kulturelle Leben der polnischen und litauischen Großstädte zog angehende junge Literaten und Journalisten an, darunter auch viele der Schriftsteller, die in diesem Band zu Wort kommen. In den dreißiger Jahren veröffentlichten Binyomin Elis, Shloyme Berlinski, Moyshe Halperin, Yekhezkl Keytlman, Yitskhok Perlov und Meylekh Tshemni in Warschau und Yitskhok Goldkorn in Lodz ihre ersten literarischen Werke, bevor am 1. September 1939 mit dem Angriff Deutschlands auf Polen der Zweite Weltkrieg eingeläutet wurde.

Es folgten Jahre der Flucht und Verfolgung. Meyer-Ber Gutman wurde 1944 aus dem Lodzer Ghetto nach Auschwitz und von dort nach Deutschland deportiert. Baruch Graubard war nach der Liquidierung des Ghettos in Kielce zwei Jahre in Zwangsarbeiterlagern inhaftiert und konnte 1944 der Deportation in ein Vernichtungslager entgehen. Er überlebte mit seiner Familie, versteckt in einem Franziskanerkloster in der Slowakei. Israel Kaplan und Dovid Volpe waren zunächst im Ghetto Slobodka gefangen und wurden nach jahrelanger Haft in Ghettos und KZs in Dachau befreit. Hershl Vaynroykh konnte sich aus dem Minsker Ghetto retten, schloss sich einer Partisanengruppe an und kämpfte schließlich als Rotarmist an der Seite der Sowjets.

Auch Mendel Mann und Yitskhok Goldkorn, die sich beide nach Kriegs-
ausbruch in die Sowjetunion gerettet hatten, schlossen sich in den letzten
Kriegsjahren der Roten Armee an. Ebenfalls in der Sowjetunion überlebten
die in den zwanziger Jahren geborenen beiden jüngsten der hier versammelten
Schriftsteller, Malascha Mali und H. Binyomin (Benjamin Hrushovski, später Benjamin Harshav). Aus der Feder des letzeren stammen die einleitenden
„Gedankenblasen" am Anfang dieses Bandes.

Es ist heute wenig bekannt, dass zehntausende polnische Juden der nationalsozialistischen Verfolgung durch die Flucht in die Sowjetunion entgingen.
Als so genannte „feindliche Ausländer" wurden viele von ihnen in den ersten
Kriegsjahren nach Sibirien deportiert. Nach dem Überfall der Wehrmacht auf
die Sowjetunion im Juni 1941 und der Wiederaufnahme diplomatischer Beziehungen zwischen der polnischen Exilregierung in London und den Sowjets
durften sich die Juden als polnische Staatsbürger frei bewegen. Viele zog es
in die zentralasiatischen Sowjetrepubliken, von wo aus sie in der ersten Jah-
reshälfte 1946 nach Polen repatriiert wurden. Vom Ausmaß der Zerstörung
und der Ermordung ihrer Familien hatten diese schätzungsweise 200 000 polnischen Juden erst in den letzten Kriegsmonaten erfahren, manchmal auch erst
während ihrer langen Rückreise, die für die meisten von ihnen nur eine weitere
Etappe auf dem Weg in eine neue Heimat bedeutete.

In Polen bemühte man sich seit 1944 um einen Wiederaufbau jüdischer
Gemeinden und gesellschaftlicher Institutionen. Auch die jiddische Literaten
und Journalisten wagten einen Neuanfang. So veröffentlichte Mendel Mann
1946 in Lodz seinen Gedichtband „Di shtilkeyt mont" („Die Stille mahnt"), der
zugleich der erste jiddische Gedichtband im Nachkriegspolen war. Doch noch
im selben Jahr entschied sich der Schriftsteller wie Zehntausende andere Juden
dazu, Polen für immer hinter sich zu lassen: Die ökonomische Lage, der Mangel an Wohnraum und Nahrung, vor allem auch die traumatische Begegnung
mit der fast vollständigen Zerstörung des polnischen Judentums und der anhal-
tende Antisemitismus – der in den Gewaltexzessen des Pogroms von Kielce im
Juli 1946 seinen Höhepunkt fand – führte zu einer Massenflucht in den Westen.

Ausgerechnet in Deutschland, in deutschen Städten und Dörfern, fan-
den die Flüchtlinge für einige Monate, manchmal aber auch für Jahre einen
ungeliebten temporären Wohnort. In München, Regensburg oder Stuttgart, in
DP-Lagern von Bergen-Belsen bis Föhrenwald und von Zeilsheim bis Ulm
versuchten sie ihre vernichtete Kultur weiterleben zu lassen. Ausgerechnet in
Deutschland setzten sich jiddische Schriftsteller literarisch mit dem Holocaust
und dem Krieg auseinander. Ihr Publikum waren ihre Schicksalsgenossen: die
Schejres Haplejte.

Nach der Staatsgründung Israels und den Lockerungen der Einwanderungs-
bestimmungen der USA begann sich die Schejres Haplejte aufzulösen. Anfang
der 50er Jahre waren von den schätzungsweise 180 000 jüdischen DPs nur
noch wenige Tausend in Deutschland zurückgeblieben.

Die lang ersehnte Emigration bedeutete für diese Flüchtlinge, dass sie sich nun an einem fremden Ort ein neues Leben aufbauen konnten. Manchmal, so scheint es, ließen die zukunftsgerichtete Auseinandersetzung mit einer neuen Kultur und einer neuen Sprache, die Bewältigung der tagtäglichen bürokratischen und ökonomischen Hürden und der Wunsch nach einer Rückkehr zur Normalität den Schriftstellern kaum Zeit zum Schreiben. Vielleicht aber war es auch der schmerzliche Mangel an Lesern, die ihre Muttersprache verstanden, der es ihnen versagte, ihre literarischen Karrieren voranzutreiben. Meyer-Ber Gutmans poetische Stimme verstummte nach seiner Auswanderung in die USA, während Malascha Malis Beiträge noch sporadisch in der jiddischen Presse in Israel abgedruckt wurden.

Einzelne Werke, nicht selten autobiographischer Natur, konnten in den verbleibenden Zentren des jiddischen Verlagswesens erscheinen: Shloyme Berlinski veröffentlichte in den 50er Jahren in Tel Aviv und Buenos Aires je einen Band mit Erzählungen. Romane und Erzählungen von Yitskhok Perlov erschienen in Buenos Aires, Tel Aviv und New York, wo auch Binyomin Elis publizierte. Dovid Volpe wurde eine zentrale Figur der südafrikanischen jiddischen Literatur.

Werke von Shloyme Vorzoger und Malke Kelerikh wurden ins Hebräische übersetzt. Mendel Manns Nachkriegsromane wurden sogar in zahlreiche Sprachen, darunter ins Deutsche übertragen. Yekhezkl Keytlman und Binyomin Elis trugen zur Erschließung von biographischen Informationen jiddischer DP-Schriftsteller bei, an die im achtbändigen bio-bibliographischen jiddischen Autorenlexikon „Leksikon fun der nayer yidisher literatur" („Lexikon der neuen jiddischen Literatur") erinnert wird.

H. Binyomin (Benjamin Harshav), der Benjamin der jiddischen DP-Literatur, der 1948 unter dem Pseudonym H. Binyomin als Mitglied einer zionistisch-sozialistischen Jugendorganisation sein Erstlingswerk veröffentlichte, wurde zu einem bedeutenden Literaturwissenschaftler, Herausgeber und Übersetzer jüdischer Literatur. Die zahlreichen Monographien und Anthologien Harshavs, der heute als Professor für Komparatistik und Slawistik an der Universität Yale lehrt, wurden in verschiedene Sprachen übersetzt.

Einige inhaltliche Bemerkungen

Als Meyer-Ber Gutman seinen Gedichtband zusammenstellte, kompilierte er Lyrik aus den Jahren 1942 bis 1947: Gedichte, die er seit seiner Gefangenschaft im Ghetto Lodz verfasst hatte. Einige der früheren Gedichte überarbeitete oder ergänzte er nach seiner Befreiung. Es waren im wörtlichsten Sinne unterbrochene Gedichte, die er nun zu Ende schrieb. Die Jahre der Verfolgung stehen dort neben den Jahren scheinbarer Freiheit, die für ihn, so ist zu vermuten, erst nach seiner Emigration in die USA 1951 wirklich beginnen sollte. Auch für die Schriftsteller, die in der Sowjetunion überlebt hatten, stellte das Leben in Deutschland nur eine weitere Station auf ihrem jahrelangen Fluchtweg dar. Mendel Mann, der auch während der Kriegsjahre weiter schreiben konnte, vereint in seinem 1947 in Regensburg erschienenen Gedichtband Texte, deren Entstehungszeit bis ins Jahr 1939 zurückreicht und deren Entstehungsorte sich von Zentralasien bis Deutschland ausdehnen. Dadurch stellt er eindringlich dar, dass der Hunger in Usbekistan, die Rückkehr nach Polen, die vergebliche Suche nach Verwandten und das Ausharren im DP-Lager Kapitel einer einzigen gigantischen Tragödie waren.

Die Literatur der Schejres Haplejte spiegelt die Verfolgung und Vernichtung des osteuropäischen Judentums in dieser weiten geographischen und zeitlichen Ausdehnung wider: Die Zeit der direkten Bedrohung, von Verfolgung und Flucht, war mit dem Kriegsende zum Abschluss gekommen. Das unfreiwillige Ausharren in Deutschland zwang die Schriftsteller aber dazu, sich mit der Rolle der Deutschen als Urheber der nationalsozialistischen Verbrechen auseinander zu setzen. Aus dieser speziellen Situation heraus bewegen sich die Texte im vorliegenden Band oft an den geographischen und zeitlichen Rändern der Literatur des Holocaust und der Literatur über den Holocaust: Die Entstehungszeit, eine Übergangszeit zwischen Vernichtung und Neubeginn, und der Entstehungsort führen zu einem Oszillieren zwischen Kriegs- und Nachkriegsliteratur. Die Schriftsteller lebten im besetzten Deutschland zusammen mit anderen Überlebenden und bildeten mit ihnen eine Erinnerungsgemeinschaft, die gleichzeitig die Themen vorgab und die Leser stellte.

Diese Anthologie macht den Versuch, die Texte unter verschiedenen Leitthemen zu bündeln und gibt damit zugleich auch eine ungefähre chronologische Ordnung vor:

Der Churbn steht am Anfang. Fragile Gedichte über die Sprachlosigkeit erinnern an das Unbehagen späterer Denker, den Holocaust in Verse zu fassen. Sprachlosigkeit bedeutet aber auch den Verlust der Sprache selbst. Das Jiddische wurde durch die Vernichtung des osteuropäischen Judentums seiner größten Sprechergruppe beraubt.

Wie ein Epitaph für eine ganze Generation umgekommener jiddischer Schriftsteller, als symbolischer Grabstein, wirkt Meylekh Tshemnis Bericht über das Schicksal des berühmten jiddischen Schriftstellerverbandes in

Warschau. Für die wenigen Zeugen dieser Generation, die Schriftsteller der Schejres Haplejte, waren die Fragen nach dem Sinn und bisweilen sogar der Berechtigung ihres Überlebens drängend.

Weitere zentrale Themen, die sich auf den Seiten dieses Bandes finden, sind die Erinnerungen an die Jahre in Sibirien und Zentralasien, die von einer Seite des Krieges berichten, die fremd und exotisch wirkt. Verstörend sind die Gedichte und Impressionen, die von der Rückkehr nach Polen, der Suche nach Verwandten und Freunden und der Begegnung mit den früheren polnischen Nachbarn erzählen.

Den Mittelpunkt des Buches bilden Texte, die das Leben in Deutschland nach dem Krieg verhandeln, die Konfrontation mit der deutschen Zivilbevölkerung, das Leben im Flüchtlingslager, die beklemmende Schönheit der blühenden Natur. Für die Erzählerin Malke Kelerikh war das Leben in Deutschland fast bis zur Unerträglichkeit schmerzhaft, schrecklicher noch als das Leben im Ghetto. Denn während des Krieges, so liest man in einer ihrer Kurzgeschichten, hätten die Juden mitten im Elend immer noch einen Funken Hoffnung in sich getragen, dass die Dinge sich einmal ändern würden, und hatten sich mit dieser Illusion getröstet. Die Nachkriegsrealität empfindet sie als qualvoll, denn sie muss zusehen, wie die deutsche Zivilbevölkerung ihr gewohntes Leben fortsetzt, muss es ertragen, dass die deutschen Kinder leben. Dazu sieht sie gestohlenes jüdisches Eigentum im Besitz der Besiegten und erkennt darin die Kollektivschuld der deutschen Bevölkerung, ihr Kainsmal. Der deutschen Nachkriegsgesellschaft ausgesetzt zu sein, ist auch zentrales Thema bei Yekhezkl Keytlman. Auch bei ihm löst der Kontrast zwischen jüdischem Leid und relativer Kontinuität des deutschen Alltagslebens tiefe Gefühle von Wut und Ablehnung aus.

Die fiktionalen Begegnungen zwischen Deutschen und Juden zeugen von der fehlenden Auseinandersetzung der deutschen Bevölkerung mit dem Holocaust. Für den jüdischen Schriftsteller, der inmitten der deutschen Zivilbevölkerung lebt, beweisen diese Begegnungen, dass es eine Stunde Null nie gegeben hat und dass deshalb keine positive Begegnung stattfinden kann.

Die Holocaustliteratur der späteren Jahre kennt zahlreiche deutsch-jüdische Begegnungen und Verstrickungen. Zu den im wörtlichen Sinne eindringlichsten Begegnungen, bei denen die Grenzen zwischen Deutschen und Juden, zwischen Täter und Opfer verschwimmen – kommt es in den grotesken Romanen Romain Garys und Edgar Hilsenraths. Seit den 1980ern begannen sich deutschjüdische Schriftsteller der zweiten Generation wie Esther Dischereit, Barbara Honigmann, Jurek Becker oder Rafael Seligmann mit Fragen der deutschjüdischen Beziehung und der jüdischen Identität im Nachkriegsdeutschland zu beschäftigen. Sie alle werfen in ihren Werken die Frage nach dem Grad der Intimität auf, die nach dem Holocaust noch möglich ist und beschreiben – hier kritisch, dort karikierend – die „negative Symbiose" (Dan Diner), mit der Deutsche und Juden nach 1945 miteinander verbunden sind. Sie erkunden die verschiedenen Ebenen täglicher Begegnungen und begegnen den komplementären Kriegsnarrativen und Kriegserinnerungen von Deutschen und Juden. Die Thematisierung deutsch-jüdischer Beziehungen nach dem Holocaust scheint also für das Genre der jüdischen Nachkriegsliteratur zentral zu sein. Anhand der vorliegenden Texte lässt sich diese fiktionale Beziehungsgeschichte bis in die früheste Nachkriegszeit zurückdatieren und in ihren Entwicklungslinien nachverfolgen. Tatsächlich weist die frühe jiddische Nachkriegsliteratur in diesem Band Parallelen zu den literarischen Experimenten der folgenden Jahrzehnte auf. Doch gibt es einen zentralen Unterschied: Während die deutsch-jüdische Nachkriegsliteratur der letzten Jahrzehnte meist aus der Perspektive der zweiten Generation erzählt, basiert die DP-Literatur auf den persönlichen Erfahrungen und alltäglichen Begegnungen im besetzten Deutschland. Obschon die Texte in ihrem Charakter weder journalistisch noch dokumentarisch sind, befriedigen sie für den Verfasser den unmittelbarsten Drang danach, gegen die Realitäten anzuschreiben und hatten, so könnte man vermuten, therapeutisches Potential.

* * *

Die vorliegenden Gedichte und Prosatexte sind durch ihre Sprache, den Ort und die Zeit ihrer Abfassung einzigartig. Die jiddischen Schriftsteller in Deutschland widersetzten sich einer positiven deutsch-jüdischen Begegnung vollkommen und bestanden auf der Auffassung einer deutschen Kollektivschuld. Sie hatten keinerlei Absicht, nach versöhnlichen Tönen zu suchen oder in einen Dialog zu treten. Es ist daher nicht immer einfach, den unverhohlenen Hass und die Variationen symbolischer Rache zu ertragen.

Man muss sich immer vor Augen halten, dass die Literatur der Schejres Haplejte an den jiddischsprachigen Leser gerichtet war und daher mit der deutsch-jüdischen Nachkriegsliteratur kontrastiert, die bis in die 1980er Jahre weitgehend frei von solchen Tonalitäten war. Der Sprache, in der die Literatur der Schejres Haplejte verfasst ist, kommt eine zentrale Bedeutung zu, denn sie entscheidet darüber, wer der intendierte Leser sein soll. Während die deutschen Nachbarn das gesprochene Jiddische der jüdischen DPs vermutlich verstehen konnten und diese wiederum ohne größere Hürden sprachlich mit den Deutschen interagieren konnte, blieb das gedruckte Wort für die Deutschen unzugänglich: Jiddisch wird traditionell mit hebräischen Buchstaben geschrieben, unverständlich und fremd für den deutschen Leser. Jiddische DP-Literatur war nur an ein des Jiddischen mächtiges Publikum gerichtet.

Diese Texte auch dem nicht-intendierten deutschen Leser zugänglich zu machen, bleibt daher ein waghalsiges und vielleicht auch heikles Unterfangen. Ein Unterfangen indes, das einen neuen Blick auf die unmittelbarste literarische Auseinandersetzungen mit der Katastrophe und auf deutsch-jüdische Beziehungen im Schatten des Holocaust eröffnet.

UNTERBROCHENES GEDICHT

Meyer-Ber Gutman

Unterbrochenes Gedicht

Ich weiß nicht
Welchen Tod ich gestorben bin
Und an welchem Grab
Der Kantor kunstvoll die Totenklage singen wird
Und was er sagen wird.
Man hat mich ermordet, verbrannt
Hingerichtet, erwürgt
Ich bin gestern, heute und morgen
In allem Ungemach
Tausend Tode gestorben.
Und wo wohl mein Grabstein
Aufgestellt werden wird
Wo ich doch nicht weiß
In welchem Massengrab
Ich begraben bin
Und wo meine Knochen verscharrt sind.
Und wer wird um mich weinen
Wer wird Klage führen
Wer wird salzige Tränen spüren
Wo doch alle gestorben sind.
Denn in verzweifelter Not
Sind auch die Lebenden tot.

Lager IV, Kaufering 1944

Shloyme Vorzoger

* * *

Zu früh – um zu vergessen
Zu tief – um zu verheilen
Es fehlt die Sprache – um zu erzählen
Es fehlt das Maß – um zu messen
Es fehlt – ein Name
Jedes Wort – ist Lästerung
Oh, gib mir Kraft, Gott – um zu schweigen

Meyer-Ber Gutman

Armes Jiddisch!

Arme jiddische Sprache
Ich fühle deinen Schmerz.
Meine Augen sind voller Tränen
Denn wir selber
Sind deine Mörder.
Arme jiddische Sprache
Ich fühle deinen Schmerz.
Auch dich hat man verbrannt
Mit einem letzten Schma bist du erloschen
Mit einem letzten Schrei.
Oh, Mutter, ich ersticke!
In den verrammelten Gaskammern
Als unsere Mütter und Frauen
Ihre Kinder an sich drückten
Und unsere Kinder
Sich hineinwanden
Sich hineinkrallten in den nackten Leib
Ihrer Mütter, bis aufs Blut.
Ein letztes „Oh" entrang sich
Den aufgedunsenen Körpern.
An ihren Lippen klebte noch
Eingetrocknet, das Gewissen der Welt
Und ein bitteres Lächeln in den Winkeln
Ihrer Münder
Und ein Fluch für die unreine Gaswolke
In reinster Muttersprache.
Armes heiliges Jiddisch
(So nennt dich die Dichterin Kadye)
Wenn unsere Großmütter
Mit zarten Fingern
Vor den heiligen Sabbat-Lichtern
Ihre traurigen Augen bedeckten
Murmelten sie wie Chana in Schiloh
Fern aller Alltagssorgen
Ihre beseelten Frauengebete
In jiddischer Sprache:
„Heiliger Gott, erbarme Dich
Deines Volkes
Und liefere unsere Kinder nicht

In gojische Hände aus!"
Arme jiddische Sprache
Wie meine vergewaltigte Schwester
Von unreinen, grausamen Gojim
Gepeinigt, geschändet.

Heilige Seelen der jiddischen Sprache
(Jeder jiddische Buchstabe hat eine Seele)
Deine Dichter, armes Jiddisch
Haben deine kristallenen Tränen
Im Gefäß ihres Herzens gesammelt.
Nun sind ihre Herzen zersprungen
In den faschistischen Gaskammern.
Ihr Gefäße des jüdischen Wortes
Der jüdischen Tränen
Bestimmt seid ihr eingetreten
Durch die Pforte des Paradieses.
So ein zersprungenes Gefäß hat bestimmt
Das verirrte Seelchen
Aus Peretz' „Drei Geschenken" aufgefangen
In sich, dort im Himmel.
(Könnte denn ein Geschenk
Noch außergewöhnlicher sein?)
Im Feuer seid ihr ausgelaufen
Ihr zersprungenen Gefäße
Der Gebete unserer Mütter
Der Revolutionslieder ihrer Söhne
Der Tränen von Sore bas Toyvim.
Die Seelchen sind noch da.
Damit der letzte Funke
Des heiligen Jiddisch nicht verlösche
Die jiddische Sprache
Der letzten verbliebenen Kinder
Nicht ausgerottet werde.
Armes Jiddisch!

Bergen-Belsen 1945

Meylekh Tshemni

Ihr Andenken sei zum Segen!

Es kommt mir vor, als sei es gestern gewesen:
Im „Jüdischen Schriftsteller- und Journalistenverein" in Warschau, an der Tlomackie-Straße dreizehn. Es ist früher Abend, die Zeit, wo sich die hintersten Winkel des großen Saals mit Dämmerung zu füllen beginnen. Ich stehe auf dem Balkon und blicke auf die Straße hinunter. Die Zeiger von Epsteins Uhr, die ich unten auf der Leszno-Straße erkennen kann, zeigen eine oder zwei Stunden vor Einbruch der Nacht. –
Jetzt nähert sich mir Moyshe Shimel:
„Nun, was sagst Du? Na, wird ein Krieg ausbrechen?"
Moyshe Shimel, der Literaturkritiker und Dichter, ein treuer, ehrlicher Freund, fürchtet sich vor dem Krieg. Das kann ich in seinen großen, sorgenvoll aufgerissenen Augen lesen. Der Titel seines Gedichtbands hat sich in sein Gesicht eingeschrieben: „Ich bin traurig".
Moyshe Shimel ist traurig.
Und daneben, unter dem großen Peretz-Portrait, steht Hershele, über einen kleinen Notizzettel auf dem Deckel des Klaviers gebeugt. Sein spitzer Bleistiftstummel huscht über das Blatt. Hershele, der Volksdichter, notiert mit klitzekleinen Buchstaben ein frisch geschaffenes Volkslied.
Hershele, mit den schwarzen Augen und dem schwarzen Schnurrbart, dreht sich zu uns um. Er lächelt:
„Keine Sorge; Uns kann überhaupt nichts passieren; wir sind unsterblich."...
Ein Tischchen weiter spielen der alte Zaks und Feliks Friedman Schach. Beide sind so in das Spiel vertieft, dass der alte Zaks sich vergisst und anfängt Russisch zu reden. Friedman, der Vorsitzende des Künstlervereins, unterbricht ihn:
„Überstürzen Sie nichts, lieber Zaks, noch müssen wir Polnisch sprechen, ja, lieber Zaks, Polnisch."...
Das Licht im Saal geht an. Ich geselle mich am Fenster zu Yosef Smolorsh und Misha Troyanov – zwei junge, liebe Freunde aus der Schriftstellerfamilie; Smolorsh strahlt, weil eine gelungene Erzählung irgendwo abgedruckt worden ist und Troyanov freut sich über das Manuskript zu einem Poesiebändchen, das bald in Druck gehen soll.
Auf einem Stuhl sitzt Borech Tshebutski. Seine Finger spielen mit einem schmalen Streifen Papier.
M. Kitai, politischer Flüchtling aus Riga und Literaturredakteur in Warschau, betritt den Saal.
Der fünfzigjährige Kitai fürchtet sich sehr vor dem Krieg. Er besitzt kein Wohnrecht in Polen. Aber einer Sache ist er sich sicher:
„Der Faschismus muss besiegt werden, ja, das muss er!"

Genau das sagt er jetzt zu Shimel und fügt hinzu:
„Ja, die Zeit ist gekommen. Die Demokratie des Ostens wird über den Faschismus des Westens triumphieren."... Shimel ist pessimistisch. Er glaubt nicht daran. Auf der Schwelle bleibt Mikhl Burshtin stehen, verträumt und in sich gekehrt. Aus seinen weit aufgerissenen nachdenklichen Augen schaut „Über den Ruinen von Ployne" heraus – der Titel seines Buches, in dem er die Zerstörung des polnischen Judentums vorhersagt. Yehoshua Perle nähert sich ihm. Die beiden setzen sich zusammen an einen Tisch. Um sie herum – die versammelten Schriftsteller. Es herrscht eine ehrfürchtige Stimmung. Der ständig aktive, ständig kreative Yehoshua Perle bringt es fertig, in seinen spärlichen freien Minuten jedem zuzulächeln, ein paar nette Worte zu sagen, einem jungen Autor Hoffnung zu machen.

*

Es ist Nacht geworden im „Jüdischen Schriftsteller- und Journalistenverein". Das Tagesgeschäft in den Redaktionen ist zu Ende. Jetzt kommen die Redakteure der Warschauer jiddischen Zeitungen in die Tlomackie 13 um sich auszuruhen. In einer Ecke sitzen Lazar Kahan und Stupnitski, reden über Politik, ereifern sich über einen Leitartikel, den der eine in seiner Zeitung veröffentlicht hat und mit dessen Inhalt der andere nicht einverstanden ist.

Zu später Stunde trifft Noyekh Prilutski ein. Anscheinend findet heute eine Verwaltungssitzung statt. Prilutskis Blick erfasst alles und jeden. Man merkt, dass der Hausherr eingetroffen ist – der Hausherr des Jiddischen Worts, der jiddischen Schriftsteller in der Tlomackie 13.

2

Moyshe Shimel fürchtete sich sehr vor dem Krieg und er hatte gute Gründe für seine Furcht.
Ich sah ihn in einem Spital in Lemberg wieder, wo er nach der Flucht aus Warschau mit einer Lungenentzündung lag.
„Na, was gibt es Neues?", fragte er mich. „Sag, was gibt es Neues?"
Ich wollte ihm nicht erzählen, was sich im ukrainischen Schriftstellerverband im Offizierscasino in der Akademiczna 10 zugetragen hatte.
Aber Shimel hatte bereits davon erfahren und seufzte:
„Ich bin das erste Opfer dieses Krieges, ja, ich."...
Und genau ihn, Shimel, traf der Krieg sehr tief.
Er musste in Lemberg für seine Ehrlichkeit, für seine richtige Einschätzung der unausgesprochenen Dichtung eines proletarischen Poeten mit seinem Leben bezahlen.

Bevor ich aus Lemberg wegging, kamen Miltshe Grin und Sanye Hayferman zu mir – zwei Prosadichter, die in der jiddischen Literatur schon einen festen Platz hatten.

Sie sagten mir, dass der Dichter Shudrikh, zusammen mit Dovid Königsberg etwas für uns tun, etwas organisieren würde. Eine jiddische Abteilung bei den ukrainischen Schriftstellern.

Mich trieb es aber weg von dort. Mich und all die andern, denen ich später in Bialystok in einem ehemaligen Tanzsaal, der zu einem Schriftstellerverband geworden war, wieder begegnete.

Dort traf ich die hebräischen Schriftsteller Shmuel Zaromb und Berl Pomeranz. Dort waren auch Shloyme Shtaynberg und der Journalist Zhitnitski. Dort schliefen in fünfzig Betten Schriftsteller, die aus der Warschauer Hölle geflohen waren.

Dort erzählte man mir, dass Shimen Horontshik seinem Leben auf einer Chaussee bei Warschau ein Ende gesetzt hatte.

Und dort wollte ein Teil der geflüchteten Schriftsteller unter sich bleiben. Unter sich – und die anderen vertreiben, sie wirklich verjagen.

Das war in den letzten Monaten des Jahres 1939.

Während der ersten Monate des Jahres 1940 hing die Wintersonne niedrig über Dnjepr und Wolga und wärmte mich stiefmütterlich in dem Güterwaggon, mit dem ich irgendwohin gebracht wurde.

3

Man erzählte mir, dass sich M. Kitai in seiner Heimatstadt Riga aufhalte. Also schrieb ich ihm einen Brief und erhielt eine Antwort von ihm.

„Sonnig ist mein Litauen, ja, sonnig; Frei bin ich in meinem Riga, ja frei."…

Ich freute mich sehr über diesen Brief:

„Lieber M. Kitai – mein Freund und Redakteur – wie glücklich bin ich, dass Sie wirklich glücklich sind!"

Und wie unglücklich war ich einige Jahre später, als mir der Schriftsteller N. in den Weiten Usbekistans erzählte, dass M. Kitai irgendwo in der Gegend von Samarkand vor Hunger gestorben sei; dass ein anderer, der Warschauer Poet Ptashkin sich ganz in der Nähe, in einem usbekischen Dorf, das Leben genommen habe.

*

So wurden wir weniger und weniger. Fast keiner der Leuchten aus der Tlomackie 13 ist übrig geblieben. Eine verrückt gewordene Welt brachte sie grausam um. Ihr heiliges Andenken soll in unser Gedächtnis eingebrannt bleiben.

Ihr Andenken sei zum Segen.

Meir Halpern

Sie sind gewesen

Meinen Nächsten

Sie sind gewesen und sind nicht mehr.
Hörst du, wie der Stein vom Berg in die Tiefe rollt?

Sie sind gewesen und sind nicht mehr.
Hörst du, wie der Wind durch das alte zerfallene Haus pfeift?

Sie sind gewesen und sind nicht mehr.
Siehst du den letzten Adlerflug, wie er schwingt?

Sie sind gewesen und sind nicht mehr.
Der letzte Klang der Glocken ist verstummt.

- - - - - - - - - - - - - - - - -

Sie sind gewesen und sind nicht mehr.
Und mir hemmt ganz plötzlich ein Echo den Schritt.

Mendel Mann

Jüdische Dichter

Das ungeschriebene Lied spricht sie an durch jeden Klang
Durch jeden stillen Schritt, den es ängstlich zitternd tat
Durch die Melodie von einstmals oft gehörtem Sang
In den blauen Schatten der Ruinen einer Stadt.

An jeder Straßenecke gehn sie unbemerkt vorüber
Saugen alle Farben, alle Töne in sich ein
Und dann tragen sie des Tages ganze Unruh, ganzes Fieber
In der reinsten Absicht tief im Herzen mit sich heim.

Nachts, da zittern ihre Hände auf Papier im dunklen Lichte
Und sie hören das Bekenntnis aller Sünden toter Brüder
Das sich durch die Ritzen zwängt, in die Verse der Gedichte.
Und ihr Schmerz weint in der Sprache dieser ungeschriebenen Lieder.

Meyer-Ber Gutman

Ich kann nicht mehr

Kann nicht mehr verzieren, verzärteln
Das geschriebene Wort
Denn mein Gemüt
Ist wild und verstört.
Mein Herz ist verwundet
Und tief ist der Schnitt
Zerschnitten mein Leib.
Man hat meine Mutter verbrannt
Meine Frau mit Säure verätzt.
Wie kann ich verzieren
Das Lied
Und verzärteln das Wort
Wenn jeder Schritt, jeder Ort
An verängstigte Augen erinnert.
Auf der Flucht vor dem Tod
Gefangen in Kellern
Wie Mäuse
Zerfressen von Würmern und Läusen.
Oder leben ein Leben
Vom Feinde verbürgt
Das Gestern ermordet
Und das Heute erwürgt.
Zu tief geht der Schnitt
Durch Körper und Hals.
Die offene Wunde
Noch lang nicht verheilt
Bestreut mit vergiftetem Salz.
Und ein Stück rostiges Eisen
Trag ich im Blut.
Nein! Ich kann nicht mehr
Verzärteln mein Lied
Denn wild und verstört ist mein Gemüt.

Meyer-Ber Gutman

Da ist keiner

Da ist keiner
Der Feiertag ausbreitet
Um mich herum
Wie weiße Tischtücher
Auf alltäglichen
Kneipentischen.
Und zuviel Alltagsgrau.
Und der Himmel
Ist auch nicht mehr blau.
Und du bist nicht da.
Da ist keiner der
Feiertag ausbreitet
Um mich herum
Wie weiße Tischtücher
Auf alltäglichen
Kneipentischen.

Shloyme Vorzoger

Mir blieb nur das Schweigen

„Zwanzig Waggons Haare von jüdischen Frauen,
hundert Waggons Kinderschuhe und Schuhe,
dreihundert Waggons voller Brillen."*

Welt! Du bist ein endloses offenes Grab
Himmel – ein grauer und frostiger Grabstein.
Keine Waggons, die da fahren. Es sind Särge auf Rädern
Verrammelte Särge voll blühendem Leben.
Gedanken reißen mich mit wie brausende Wellen ein Schiff
Und es bohrt mir im Kopf
Und mein Herz – schlägt es noch?
Überlebe ich das?
Jüdische Frauen, seit ewig in Reinheit behütet
Stehen da nackt, mit geschorenen Köpfen, ihre Haare in Bündeln.
Oh, geschändeter jüdischer Traum
Oh, geschändete jüdische Wahrheit
Von gläubigen Müttern und Töchtern mit gottesfürchtigem Leben.
Fühl ich in winzigen Schuhen ein letztes stummes Erbeben?
Heilige Zeugen von Füßen, die der Schrecken gefesselt auf dem Wege zur
    Schlachtung.
Kann ich ihr Leid denn begreifen – Ich bin nicht mit ihnen gegangen –
Das Leid, das durch all diese Brillen
Erschrockene Augen gesehen
Augen wie tiefblaue Seen.
Augen:
Fenster gepeinigter Seelen
Vom Schleier des Tods überzogen
Erblindend im glänzenden Scheine des Himmels.
Flackernd ersterben die Verse der Psalmen in stillem Gemurmel.
Oh, fromme Gemeinde.
Ach, könnt ich von nur einem Kinde
Den Schmerz nachempfinden,
Seine Furcht, seinen Schreck, sein Gezitter
Ach, hätt ich von dem, was es fühlt
Nur einen Splitter
- - - - - - - - - - - - - - - - -

---

* Die ersten drei Zeilen des Gedichts sind – neben anderen statistischen Zahlen – dem
Buch „Asche und Feuer" von Jacob Patt entnommen.

Ich bin nicht berufen dazu, es fehlt mir die Kraft euch zu trösten.

Aus glühender Asche geboren, vom Feuer geläutert, wird der Verkünder sich zeigen.

Bis dahin ist mir nur geblieben
Die Schuhe ausziehen, mich niedrig hinsetzen – schweigen, schweigen, schweigen.

H. Binyomin

* * *

Von Wegen,
Von Staub, der beladen
Mit Schweiß und mit Blut.
Von Stärke, die ruht
In den Herzen der Menschen
Vom Glauben
Genau wie der Staub
Der von tausenden Tritten, zertreten, zerrieben
Erneut aufgestiegen,
Mit gestärktem Gemüt
Sing ich mein Lied.

SO VIEL TOD

Meyer-Ber Gutman

Nicht ich

Nicht ich hab dein Grab
In die Erde gestochen.
Nicht ich hab für dich
Das Kaddisch gesprochen.
Ein früher Herbstwind
Hat an Massengräbern
Kaddisch Josem gesagt.
Über einzeln Verscharrte
Haben hungrige Hunde
Winselnd geklagt.
Ein Wind hat vielleicht
Dein Gedenken verweht.
Von deiner Asche gedüngt
Wurde Gras ausgesät.
Doch wo ist das Feld?
Und wo ist der Ort?
Mein verweintes Gesicht
Vergrübe ich dort.
Und saugte dort auf
In mein geronnenes Blut
Deine allerletzte
Feurige Glut.
Verkohlt ist dein Leib
Und die Schuld drückt mich schwer.
Mein lästiges Leben
Erblüht niemals mehr.
Eine trockene Lunte
Sie glüht nur noch matt
Und verlöscht und verflackert.
Wie das Weinen des Blinden
Der keine Tränen mehr hat.

Deutschland 1946

Meyer-Ber Gutman

Prozession

Die Prozession
Geht, geht und geht.
Ein Todesmarsch!
Um Mitternacht
Und weckt und schreckt
Die Welt, die schläft
Und schlummert
Und
Stört die Ruh
Zu später Stund.

Die Prozession
Geht ihren Gang.
Es gehen
Zwölf Millionen Beine
Beine, Beine, Beine
Säuglingsbeine
Beine auf dem Weg zu Schule
Von TSYSHO, Tarbut, Talmud-Toyres
Beine von Jungvermählten
Von Müttern und Vätern
Beine schlank und beschwingt
Beine von Arbeit gekrümmt
Beine von Jungpionieren,
Sie schreiten im Rhythmus der Hora.
Sie haben auf Barrikaden ihr Blut für Fremde vergossen
Und selber nichts Gutes genossen.
Beine, Beine, Beine
Zwölf Millionen Beine
Gehen und gehen und gehen
Den Weg durch die Welt exakt
Im Takt
Von Not und Tod.
Die Prozession
Geht ihren Gang
Ohne Gesang.
Still, still, still
Zum letzten Ziel
Gehen die Beine

Skelett nach Skelett
Und erschrecken und wecken
Die Träumer im Bett
Mit Scheppern und Klappern
Wird jeder verstört
Der's hört.
Und manchmal
Erwacht dann voll Schweiß
Kalt oder heiß,
Das Weltgewissen
Im wohligen Bett.
Dann gähnt es hinaus
Hinter Riegel und Schloss
Im verrammelten Haus
Und zischt seinen Schrei:
Wer geht hier vorbei?
Kreuzdonnerwetter!
Und wenn ihr geht
Wird richtig gegangen
Im Gleichschritt, marsch!
Eins, zwei, drei!
Stehn bleiben, stopp!
Herunter den Kopf!
Und da läuft ein SS
Mit Mordlust im Blick
Wie ein bissiger Hund
Und das zitternde Herz
Ist vor Grauen ganz wund.
Erste Hundertschaft
Zweite Hundertschaft
Achtung!
Mützen auf, Mützen ab!
Zurück!
Verfluchte Drecksäcke!
Mützen auf, Mützen ab!
- - - - - - - - - - - - - - - - -
Auf hartem Pflaster
Skelettische Beine
Klappern im Takt
Tack, Tack, Tack.
Eins, zwei
Eins, zwei
Ziehn sie vorbei.

Und es gehen:
Treblinka, Chelmno, Maidanek
Auschwitz, Sobibor, Ponar.
Aus dem Grab auferstanden
Arm in Arm zieht die Schar
Vergast und erstickt und verbrannt
Halten sie sich an der Hand.
Hände, Hände, Hände
Zarte Hände von Kindern
Wie Samt die Hände junger Mütter
Lachende Hände von Verliebten
Traurige Hände von Eltern
Und im Flattern des Winds
Der bunte Bändel eines Kinds
Dessen Lächeln
Vermischt ist mit Schreck
Er trägt sie
In die Ewigkeit weg.
Eine Prozession
Es geht eine Prozession
Im Takt ihres Weinens
Geht ihren Gang ohne Gesang.
Eins, zwei
Eins, zwei.
Und wir?
Wir gehen, wir gehen.
Auch wir sind dabei.

Feldafing Elisabeth-Spital 1946

Mates Olitski

An einen Auschwitz-Überlebenden

Über deine Leiden schreiben – da zittert mir die Hand.
Vor dem jämmerlichen, leeren, weißen Blatt Papier.
In Gedanken war ich immer, überall bei dir
Doch mein Leib hat nicht wie deiner Schmerz gekannt.

Viel zu still ist diese Nacht, als dass ich denken könnt
Wie du solche Nacht zerrissen hast mit deinem Schrein
Viel zu groß die Stube, viel zu hell der Lampe Schein
Der beruhigend warm auf meinen Lidern brennt.

Um das Schaudern deines Körpers klar vor mir zu sehn
Brauch ich keine Lampe, nicht die Stube, wo ich bin.
Blutig liegen auf der Zunge Wörter nackt und ohne Sinn.
Habe nicht die Kraft um deinen Horror zu verstehn.

Mein unversehrter Leib ist wertlos, zählt nicht mal so viel
Wie dieses jämmerliche, leere, weiße Blatt Papier.
Weil er nichts andres denken kann, nur träumen kann von dir.
Drum ist er deinen Leib nicht wert, der längst zu Staub zerfiel.

Yitskhok Goldkorn

Dämmerungslied

Asche auf dem Haupt. Er bringt uns seinen roten Trauerwein.
Als blinder alter Magier tritt der Abend bei uns ein.

Legt um uns die Mantelschöße und umfängt uns, schwarz und dicht.
Hüllt uns in den Trauerkrepp ein, in gespenstisch fahles Licht.

Glocken sind wie Sammelbüchsen, scheppern furchterregend bang.
Leichenbahre, Totenbett und von Verwesung der Gestank.

An der leeren Brust der Mutter weinen Kinder ungestillt.
Und vom Bellen ferner Hunde ist die ganze Welt erfüllt.

Singen bellend ihre Klage und verkünden seine Nähe.
Über uns spürt man ihn kreisen, eine unsichtbare Krähe.

Flattert zwischen uns wie eine angsterfüllte Fledermaus.
Wird in den Haaren sich verfangen, findet nie den Weg hinaus.

Und die Luft ist voller Asche, Trauer wie vergossner Wein.
und der alte Magier hüllt uns in sein Leichenhemd mit ein.

Krank, erschöpft die ganze Erde
Wie der stumme Schmerz der Pferde.

Blutend ziehen sich die Herzen voller Leid in sich zusammen.
Im Netz gefangen zappeln Augen und gespenstisch zucken Flammen.

Das letzte Lebensflämmchen zittert, vom Verlöschen schon bedroht.
Es bläst ein wilder, starker, schwarzer Wirbelwind. Das ist der Tod.

Mendel Mann

Vermächtnis

Als über jenem Tal im Wind
Wolken sich auf Wolken luden
Da flatterte ein Vogel blind
Beweint' das letzte Häufchen Juden.

Mein Vater stand auf freiem Feld
Am Grubenrand. Die Schüsse knallten.
Ein Stern hat sich für ihn erhellt
Und ließ sich auf die Erde fallen.

Mein Bruder an der Muranow
Warf sich vor einen fremden Tank.
Da ging die Sonne um ihn auf
Mit stillem, lauterem Gesang.

- - - - - - - - - - - - - - - - -

Ich such den Vogel, der dort schwebte überm Tal.
Ich such den Stern aus jener Nacht in seinem Fall.
Die Melodie des Lieds von meinem Bruder unterm Stahl.
Und von der Sonne an der Muranow den Strahl.

Yitskhok Goldkorn

Mutter

Die strahlenden Finger meiner Mutter
Entzünden die Sabbatkerzen.
Die mattsilbernen Leuchter
Funkeln und glänzen
In stillem Schein.
Noch silberner, leuchtender
Ist ihr hell entflammtes Gesicht.
In dem sich die Leuchter spiegeln
Die Kerzen, die Sabbat-Melodien.

Die sanft kreisenden Hände meiner Mutter
Entrollen sabbatliche Teppiche
Über dem werktäglich nackten Boden
Plüsch und Samt,
Aus Güte und Gnade gewoben
Mit Perlen aus Tränen gesäumt.
Ihre Lippen flüstern: heiliger, heiliger Sabbat.
In ihren Ohren klingt flüsternd das Gebet
Von Generationen Heiliger, Gerechter
Und der Flügelschlag der Schöpfung.

Die Mutter ist selber ein Engel.
Auf ihre Hände – schwebende Flügel –
Fällt der heilige Widerschein ihres Gesichts
Als leuchte die sinkende Sonne wunderbar durch abendliche Fenster
So ist sie vom Sabbat durchdrungen.

Verschwunden ist die Mutter, der Sabbat
Alles erloschen wie Kerzen aus Talg.
Und zurück bleibt eine nach Rauch stinkende Leere

Alles versunken in der verfluchten Leere
Des Abgrunds.
Zeit und Raum – ein Fass ohne Reifen.
Zahlen drehen sich verrückt
Wie brennende Ringe vor taumelnden Augen.

Plötzlich taucht ein Wort vor mir auf
Gesättigt mit Duft von Getreide, mit Farben und Klängen:
Mutter!
Auf mich herab schimmern, so fern und so nah
Wie der silberne große Wagen
Ihre strahlenden Finger
Und werfen einen rettenden Ring um mich
Aus silbernen Fäden.
Mutter, segnende Mutter!

H. Binyomin

So viel Tod…

So viele Täler grünen ringsumher.
So viele Lippen brennen stumm und fieberschwer.
So viele Wörter überall, ein ganzes Meer.
Und doch liegt eine tiefe Leere über allem.
In allen Tälern – Tod.
Auf allen Lippen – Tod.
In allen Mündern – Tod.
Noch keiner hat die Wahrheit ganz durchlitten,
Sie ganz erfühlt, kann ganz davon erzählen
Wie leer es ist, wie schwer es ist, das Wort.
Hat ganz gespürt, wie sehr die andern fehlen
Bei jedem Schritt, an jedem Ort.

So viele Augen – tot.
So viele Herzen – tot.
So viele Leben – tot.
Und da ist kein Quell, um ihren Durst zu stillen.
Kein Windhauch kann ihr Fieber ihnen kühlen.
Und es gibt keine Tränen, um den Schmerz zu fühlen.

Und nicht mal jener, der davongekommen
Hat diese schlimme Wahrheit wahrgenommen.

Dass jede Nacht viel Wanderer auf Erden
Den Gang der Sterne nicht mehr hören werden
Dass Kinderaugen nicht mehr glücklich strahlen
Wenn sich am Himmel Regenbogen malen.
Dass sich dafür auch nicht mehr länger quälen
So viele Lieder, eingesperrt in Seelen.

Endlos erschafft man Worte – doch wofür?
Klopft denn ein Wort – statt ihm – an meine Tür?
Und jeder Reim, den man auf „Tod" erfindet
Ist er nicht blass? Ein Flämmchen, das verschwindet?
Wie heil und rhythmisch ist denn eine Welt
Wo alles da ist –
      Und doch so viel fehlt?

Mates Olitski

Es ist Gewohnheit schon für mich

Oh weh! Davon zu hören ist Gewohnheit schon für mich.
Ich hör's und nicht einmal die Brauen hebe ich.
Nur kurz gibt es mir noch im Herzen einen Stich.
Oh weh! Davon zu hören ist Gewohnheit schon für mich.

In großen Gruppen traten sie die Reise an
Zum Umschlagplatz, wie Lämmer, wenn sie sich der Schlachtbank nahn
In Viehwaggons mit achtzig-neunzig-hundert Mann
Als Fracht der langen und geheimnisvollen Bahn.

Als Fracht. Als Fracht. Die Räder machten:
    Ret-tung, Ret-tung.
Japsend nach Luft die eingeschnürte Lunge
Von weißem Schleim verklebt war ihre Zunge.
Und in den Schläfen pocht es noch: Ret-tung.

Später hat man sie dann nach Maidanek gebracht.
Die Mörder haben mit Geschrei die Türen aufgemacht.
Und hämisch feixend haben sie sie schallend ausgelacht:
Schaut her, die Juden haben an die Wand gemacht.

Man trieb sie halb-bewusstlos immer weiter, schnell, nur schnell
Nach rechts, nach links, und dann kam „Ausziehn!" der Befehl.
Die Kleider an die Haken und die Schuh zusammenstelln.
Und schnell ins Bad hinein mit euch! Nur schnell, nur schnell!

Oh weh! Davon zu reden ist Gewohnheit schon für mich.
Ich sag's und nicht einmal die Brauen hebe ich.
Nur kurz gibt es mir noch im Herzen einen Stich.
Oh weh! Davon zu reden ist Gewohnheit schon für mich.

ÜBERLEBENDE

Mendel Mann

Überlebende

Sie denken:
Vergangene Tage und Tage, die kommen
Haben sie toten Brüdern weggenommen.
Oft bleiben sie mitten im Wege stehen und fragen:
Sind ihre Jahre gewoben aus eines andern ungelebten Tagen?

Gleichgültig gehn sie an Kindern vorbei
Mit leerem Blick, so wie ein Blinder.
Und nachts, im verriegelten Zimmer, allein
Erinnern sie sich an die Farbe der Augen der eigenen Kinder.

Wer immer ihnen begegnet, sie meinen sie hätten ihn schon mal gesehen
Im Todeslager in fernen Landen.
Und so wie sie selber ist auch
Die Welt vom Tod auferstanden.

Malke Kelerikh

Der Hund, mein Freund

Der Sommer war so heiß wie kein anderer, an den ich mich erinnern kann. Überhaupt hatten wir Glück in jener grausamen Zeit. Die Winter waren außergewöhnlich kalt und die Sommer heiß. Wann war das? Spielt das eine Rolle? Ein Todesmarsch war es. Man trieb uns. Wohin? Spielt das eine Rolle? Im dichten Staub, in dem einer den anderen nicht erkennen konnte, ging eine Schar Kreaturen. Eine neue Sorte Mensch, die Hitlers Gott erschaffen hatte. Halb Mensch und halb Tier. Völlig nackt, nur in Lumpen gehüllt. Wir gingen. Nein, das kann man nicht gehen nennen. Wir schleppten uns vorwärts. Einer schleppte den anderen. Stieß ihn vorwärts. Manchmal ließ man sich fallen, Menschen fielen hin, gleichgültig stieg man über sie hinweg, und um selber nicht zu fallen, stützte man sich auf den anderen ab.

Schwarze, schmutzige Skelette schleppten sich in dichten hohen Staubwolken vorwärts. Schwarze, schmutzige Skelette säumten den Weg, lagen da mit erloschenen, erstorbenen Augen, auf den Gott gerichtet, der bei der Schöpfung dieses Schicksal für sie ausgewählt hatte.

Ich klammerte mich an meine Freundin, ihr Gesicht sah ich nicht. Der dichte Staub drang nicht nur in Mund und Augen, sondern in den ganzen Körper. Kein Schweiß kam aus den Poren, so trocken war die Haut auf den Körpern. Die Haut platzte überall auf und begann sich zu lösen. Knochen schimmerten hier und dort durch.

Wie viele Tage lang hatten wir nichts mehr gegessen? Keinen Tropfen Wasser mehr bekommen? Wer zählte denn noch? Im Kopf rauschten Mühlen, in den verstopften Ohren klang es wie Glockengeläut, und die liebe Sonne schien gnadenlos, geradezu brutal, warf keine milden Strahlen, sondern brennendes Feuer auf die verbrannten Körper.

Und wir gingen... Gingen ohne Ziel und Ende, denn die Vorderen gingen und die Hinteren stießen sie vorwärts. Kein Gedanke arbeitete in uns, nur von Erschöpfung waren wir beherrscht.

Wann kam die Nacht? Wann wurde es kühler? Die Gedanken verwirrten sich, im tiefen Staub war nichts zu erkennen. Aber plötzlich, neben einer Scheune, machten wir Halt. Auf der Stelle sanken alle zu Boden. Die Scheune war nicht abgeschlossen, aber viele blieben draußen. Auch ich und meine Freundin ließen uns fallen. Bin ich lang so dagelegen? Ich weiß es nicht, aber, als ich die Augen öffnete, sah ich von weitem ein Wohnhaus, daneben eine Hütte, und an einer Kette einen großen Hund. Und plötzlich sah ich, dass der Hund etwas aus einem Napf fraß. Ein animalischer Hunger erfasste mich. Ich hob den Kopf ein wenig und sah, dass dort im Hundenapf noch etwas übrig geblieben war. Der Hund leckte sich und lag still. Ich wurde hellwach, ich wollte ein wenig von seinem Essen stehlen, aber wie? Wie kann ich mich zu dem Hund hinrobben? Wenn man mich hinkriechen sieht, werde ich erschossen. Fängt der Hund an zu bellen und man erwischt mich, erschießt man mich auch. Aber wenn ich morgen nicht mehr aufstehen kann, erschießt man mich doch auch. Etwas brennt auf meinem nackten Körper, Nesseln! Ich sehe mich um und bemerke, dass ich mich schon auf halbem Weg zum Hund befinde. Anscheinend habe ich, noch während ich darüber nachdachte, zu kriechen begonnen, oder bin, verzaubert vom Abfall im Hundenapf, zuerst gekrochen und habe dann zu denken begonnen. Jetzt bin ich kein beliebiges Tier mehr, sondern eine Schlange, ich bin elastisch, raffiniert. Wo nötig, krümme ich mich eng zusammen, und wo nötig, strecke ich mich der Länge nach aus. Ich krieche durch Nesseln und Disteln. Mein Körper ist zerfetzt, aber ich fühle es nicht. Ich sehe nur den Napf und daneben den großen Hund. Noch ein wenig, ein kleines bisschen und ich habe den Napf erreicht.

Der Hund liegt ruhig da und schaut mich an. Mein Gott! Wenn ich die Hand ausstrecke, wird er mich doch in Stücke reißen. Und ich beginne in Gedanken, ein Gebet zum Hund zu sprechen: „Liebes Hündchen, zeig mir, dass du besser als die Menschen bist. Hab Mitleid, tu mir nichts, du bist doch schon satt und weißt doch, das man dich morgen wieder füttern wird, du bist doch ein Hund und kein Jude. Und ich bin so hungrig, so schrecklich hungrig."

Ich blicke dem Tier direkt in die Augen. Ich blicke und bete, und ich fühle: Etwas kullert aus meinen Augen. Oh, eine Träne. Schon so lang hatte ich keine Tränen mehr. Ich strecke die Zunge aus dem Mund und gierig lecke ich die salzige Träne ab. Und plötzlich sehe ich, wie der Hund aufsteht und sich mir nähert. Ich schließe die Augen und krümme mich zusammen, als ich etwas Feuchtes an meiner Wange spüre. Ich öffne die Augen. Der Hund steht über mir und lächelt, er lächelt wirklich. Noch jetzt kann ich bei allem, was mir heilig ist, schwören, dass er gelächelt hat. Nicht wie ein Mensch, sondern milder, gut. Wie ein wirklicher Freund.

„Ach, Hündchen, weißt du, genau heute ist mein Geburtstag. Ich werde heute siebzehn Jahre alt. Wenn du mir nicht ein wenig von deinem Futter abgibst, sterbe ich hier neben dir." – Der Hund streckte sich und lächelte.

Ich verstand: Er erlaubt es. „Mein Teurer, dich interessiert doch nicht, dass ich eine Jüdin bin", und ich strecke meine beiden Hände zum Napf aus. Ich greife gierig nach Kartoffelstücken, Brotrinde, Knochen und Fleisch.

Mein Gott, was für ein Genuss! Ich vergesse den Hund, ich stürze mich auf den Napf. Und genau wie der Hund trinke und lecke ich mit der Zunge, greife mit den Händen und kann mich gar nicht mehr beherrschen. Anscheinend ist alles Menschliche aus mir gewichen, ich bin ganz zu einem Tier geworden.

Aber plötzlich durchzuckt mich ein Gedanke: Ach, meine Freundin! Aber ich habe nicht die Kraft, mich vom Napf loszureißen. Endlich, als der animalische Hunger ein wenig gestillt ist, reiße ich den Napf mit Kraft an mich. Ich sehe, der Hund bleibt ruhig stehen und lächelt, ich rücke näher an ihn heran.

Ich vergrabe meinen Kopf in seinem Fell. „Mein Freund, mein einziger, teurer Freund, wie werde ich dir jemals danken können?"

Lag ich dort lang an ihn geschmiegt? Ich kann mich nicht daran erinnern. Meine Freundin, durchfuhr es mich plötzlich. Ich nahm eine Ecke meiner schmutzigen Decke, packte den Rest aus dem Napf hinein und hielt kaum der Versuchung stand, nicht selber alles aufzuessen.

Ich verabschiedete mich herzlich und stumm von meinem Freund und begann zurückzukriechen, um meine halb ohnmächtige Freundin zu retten.

Zweimal übernachteten wir dort und in beiden Nächten teilte mein bester Freund, der Hund, seinen Fressnapf mit uns und rettete damit zwei Menschen vor dem sicheren Tod.

Yitskhok Perlov

Der Kamin des Krematoriums von Treblinka
Er qualmt in meiner Vorstellung noch immer.
Im Rauch schwebt aus dem Schornstein meine Mutter
Mit ausgestreckten Armen in den Himmel.

Verlässt geläutert diese unsre Erde
Lässt ihren Sohn zurück im Tal von tausend Nöten.
Es war mir nicht vergönnt, mit ihr zu sterben
Und nicht vergönnt, mit Rache mich zu trösten.

Ich atme Schwaden aus verbrannten Körpern
all ihre Seelen ruhen längst im Himmel.
Der Kamin des Krematoriums von Treblinka
in meinen Träumen qualmt er wohl für immer.

Heidenheim an der Brenz 1947

Mendel Mann

Partisanen

Sie erkennen die Gräser im Dunkeln allein schon am Duft
Am Rascheln der Blätter die Arten der Bäume
Am Rauschen des Wassers die Tiefe des Flusses
Am Flattern der Vögel die Gefahr in der Luft.

Oft bleiben sie stehen am Waldesrand
Unbeweglich wie Stämme mit lauter vertrockneten Zweigen
Halten die Waffe in moosiger Hand.
Und der Wald bewacht sie mit seinem Schweigen.

Dann eilen sie durch die Pfade im Sturm
Flinke Kolonnen, die Zündschnüre legen.
Die Bäuerin schaut aus dem Fenster, als hätt sie geträumt.
Hier zittert der Feind, wenn sich Schatten bewegen.

Yitskhok Perlov

Ich beim Sowjet, er im KZ

Ich hatte sieben Jahre Not
Er hatte sieben Jahre Tod.
Wir können uns nicht mehr verstehen.

Ich habe gesehn, wie sein Bruder erfror
Sich im weißen Sibirien im Schneesturm verlor.
Wir können uns nicht mehr verstehen.

Er schaute mit eigenen Augen mit an
Wie man in Treblinka meine Mutter verbrannt.
Wir können uns nicht mehr verstehen.

Sprech ich von „Volk", sag ich „Zukunft" und „Land"
Dann lächelt er kurz, winkt ab mit der Hand.
Wir können uns nicht mehr verstehen.

Glaubst du an Hoffnung? Dass sein könnte, dass…?
Ich komm aus dem Gas, ich glaub nur an Hass!
Wir können uns nicht mehr verstehen.

Nürnberg 1946

Mendel Mann

Ein Traum…

Nacht. Ich tunke mein Schwarzbrot in Trauer.
Der Schnee fällt weiß und kalt.
Ein Bimmeln. Das Quietschen des Tors in der Mauer.
Vor dem Haus eine graue Gestalt.

Das Gesicht einer Frau. Ihr Umhang ist lang.
Der Samowar siedet und zischt.
Pferde wiehern am losen Gespann.
Es lächelt der Gast. Ein Puschkin-Gedicht.

Ich such den Morgen nach der Nacht.
Die Spur von diesem Schlitten.
Doch die Mordwinerin, sie lacht:
So ein Schnee kann alles verschütten.

Meylekh Tshemni

Usbekistan

Am Bahnhof

Jom Kippur war kaum vorbei, als sich schon der usbekische Herbst über das Städtchen Jangijul legte – ein Herbst, wie es ihn sonst nirgends auf der Welt gibt. Nur in Usbekistan fällt der Regen nicht schräg vom Himmel, um die Körper zu durchnässen und sie so auf die Ankunft des Winters vorzubereiten. Hier im Städtchen Jangijul weichte der Regen nur den lehmigen Boden auf, durchlöcherte ihn, walkte ihn durch, ließ ihn aufquellen. Bis die Erde irgendwann aussah wie die Gesichter der Menschen, die sich auf dem kleinen Platz neben dem Bahnhof unter den Bäumen aneinander klammerten.

Genau so.

Und das lag nicht daran, dass die Menschen im Regen gefroren und deshalb verkniffene Gesichter gehabt hätten. Nein, im Gegenteil. Es war ein warmer, sonniger Regen, wie das so ist im usbekischen Herbst. Die Menschen saßen deshalb so besorgt und melancholisch vor der kleinen Bahnstation, weil sich der Regen um die Bäume herum in Pfützen sammelte, die Reisenden von einer kleinen Erhebung zur nächsten trieb und ihnen, die doch nur auf einem trockenen Fleckchen rasten wollten, keine Ruhe gönnte.

Klebriger Schlamm und erdige Gesichter vor dem Bahnhof des Städtchens Jangijul.

Herbst Neunzehnhunderteinundvierzig.

Und in diesem Herbst rollten über die Gleise, die Kilometer um Kilometer auf usbekischem Boden glühten, lange Transportzüge.

Ihr Inhalt ergoss sich in diesen Tagen in die kleinen Provinzbahnhöfe, erfüllte sie mit dem Weinen von Kindern und dem Seufzen gepäckbeladener jüdischer Frauen.

Krieg in Usbekistan.

Juden saßen auf schweren Kisten. Kinder lagen auf zerschlissenen Kissen. Frauen wärmten ihre rußigen Samoware auf feuergeschwärzten Ziegeln, verdunkelten mit dem Rauch den sonnigen Regen.

Und mitten in dem Trubel irrte schon drei oder vier Tage lang ein junger Mann herum, barfuss, in einen ausgefransten wattierten Umhang gehüllt. Wolf hieß er.

„Schenkt mir ein wenig warmes Wasser", flehte er eine Frau an und noch eine, „gebt, für das erschöpfte kranke Mädchen, das dort drüben liegt."

Neben jenem Mädchen, von Fieber und Kälte geschüttelt, hatte sich Schaje, ein bärtiger Jude, auf einem umspülten Hügelchen an einen Baum gelehnt, saß da und verstand nicht, was ihn an das Mädchen Malke fesselte. Verstand es nicht und verstand es doch.

Es war so: Sie beide, er und der Vater des Mädchens, hatten denselben Rebbe, beide waren sie Chassidim aus dem polnischen Shtetl Ger.

„Hier, Malke, trink", flehte Schaje das Mädchen an. „Trink ein bisschen warmes Wasser, hier..." Malke strich sich die Haare aus dem schweißnassen Gesicht, bleckte im Fieber die Zähne und starrte ihn aus ihren halb geöffneten, müden und vom Fieber glänzenden Augen an. „Gott wird es dir vergelten", sagte sie. „Vielen herzlichen Dank." Und befeuchtete ihre Lippen mit einigen Tropfen des lauwarmen Wassers.

Irgendwo beim Bahnhof drängelte sich Wolf mit seinen Ellenbogen in den geflickten Ärmeln durch die Menge, drängelte sich durch mit seinen nackten Knien, eilte zu den Waggons des einfahrenden Zuges.

„Juden! Weintrauben, Weintrauben", schrie er mit heiserer Stimme. „Ich biete Weintrauben gegen Brot!"

Zerzauste Frauen streckten ihre Köpfe aus den offenen Türen der Waggons, rissen Wolf die Trauben aus den schmutzigen Händen, füllten seinen ausgebreiteten Umhang mit Stücken von Brot, das noch von ukrainischem und weißrussischem Boden stammte.

Brot!

Ein lauter Pfiff der Lokomotive. Die Jüdinnen fuhren weiter in ihren Viehwaggons und labten sich an usbekischen Weintrauben.

Und Wolf lächelte in seinen wattierten Umhang hinein, lächelte, weil Brot die beste Medizin für einen kranken Magen ist – Brot und Wasser –, weil Malkes Durchfall damit vertrieben werden konnte...

„Schneller, Herr Jehoschua, schneller", trieb er seinen Freund aus dem Weinberg zur Eile an. „Schneller, Herr Jehoschua, bringen Sie heißes Wasser, schneller!"

Sie weichten die trockenen Brotstücke in rostigbraunem Wasser ein, schoben Malke die Krumen zwischen die krampfhaft zusammengebissenen Zähne.

„Geh weg!", stieß sie Wolfs Hand von sich weg. „Nimm du es, ich kann nicht."

„Aber du musst gesund werden, Malke" sagte Wolf dann eilig. „Du musst einfach."

So ging es den ganzen Tag.

Seit sie den Weinberg verlassen hatten, seit Malke hier beim Bahnhof lag, seit jenem Tag hatte sie keine Ruhe mehr gefunden, war so krank geworden, dass sie sich nicht mehr auf den Füßen halten konnte.

Das fühlte Wolf. Auch Schaje fühlte es.

Vor allem, wenn es eindunkelte.

Vier Tage ging das schon so.

(...)

Die Brot-Stadt

Nur wenig mehr als eine halbe Stunde Weg trennte die große usbekische Residenzstadt Taschkent, die „Brot-Stadt" vom kleinen „Weintrauben-Städtchen" Jangijul, nicht mehr als eine halbe Stunde, wenn man sich an die Treppe des langen Güterzugs klammerte, der jetzt an der Haltestelle dampfte.

Nicht mehr.

Und doch zermarterten die Juden, die da auf aufgeplatzten Federbetten vor dem Bahnhof lagen, ihren Verstand, dachten tagelang darüber nach, wie sich diese Brot-Stadt wohl erreichen ließe, wie sie ihre ausgemergelten Körper, ihre schwachen Knochen dorthin bringen könnten, in die große Stadt, die man Taschkent nennt.

Ein Traum, der ihre Phantasie schon wochenlang fesselte, seit sie in der ukrainischen Steppe gewesen waren.

Und diesen Traum träumten sie pausenlos, endlos.

Der Weg dorthin war versperrt, hatte der Bahnhofsvorsteher gesagt, versperrt mit Benzinfässern und Gewehren.

Es war Krieg in Usbekistan. Was sollte man auf den Bahngleisen transportieren? Aufgeplatzte Federbetten, die einen Ort suchen, um weit weg vom Feind zur Ruhe zu kommen? Oder Waffen, um den Feind bald zu besiegen?

Natürlich hatte er recht, der Bahnhofsvorsteher, Zivilpersonen müssen zurückstehen, wenn Krieg herrscht, sie müssen zur Seite gedrängt werden, wenn die Zahl der Feinde in die Millionen geht.

Die Juden akzeptierten diese Logik, seufzten stumm und betteten ihre weinenden Kinder in einen Haufen zerknitterter Kleidungsstücke.

Verzweifelte Zivilisten auf einer usbekischen Bahnstation.

Nur einer von ihnen, Wolf, der schon seit zwei Wochen in Fieberkrämpfen beim Bahnhof lag, fand etwas Gutes an der Situation. Nicht weil Krieg herrschte auf der Welt, sondern weil Wolf kein Gepäck hatte, keine kleinen Kinder, nicht einmal Fleisch an seinen Knochen. Er musste nur die müden Glieder, die seinen mageren Körper schlottern ließen, einsammeln und…

Schon hing er an der Treppe von einem der Waggons, der Waggon hing an den anderen in dem langen Zug, und bald würden sie beide, er und der riesige Zug, in der ersehnten Brot-Stadt Taschkent ankommen.

Und so war es auch wirklich.

Wolf – ein zerknitterter, dreckiger Putzlappen – stand höchstpersönlich vor den Weiten des Usbekenlands.

Taschkent.

Wohin man auch schaute – Sonne, Sommer, der pulsierende Lärm einer Großstadt.

Keine Spur von Regen, von dem Herbst, der im Weintrauben-Städtchen, auf dem Bahnhof von Jangijul, an den Gliedern gezehrt hatte.

Und dann erst noch…

Ein vertrautes Gesicht kam auf ihn zu, ein junger Mann aus Warschau, aus der Zamenhof-Straße.

„Hallo."

„Hallo."

Und Schluss.

Der junge Mann rannte davon. Eilte zum Perron, zu dem Güterzug, der Wolf vom Weintrauben-Städtchen hierher gebracht hatte.

Von der Sonne geblendet blieb Wolf stehen. Von der Malaria hatte er Kopfschmerzen und Fieber.

Wo war er wohl hingegangen, sein junger Bekannte aus Warschau?

Zu den Passagieren war er gelaufen, um ihnen ihr Gepäck abzunehmen und es für sie in die Stadt zu schleppen.

Ein Lastenträger.

Und bald sah er ihn eilig zurückkommen, einen schweren Sack auf den Schultern, einen Koffer in der Hand.

„Hier", rief er Wolf zu, „nimm den Koffer, schnell!"

Aber Wolf stand wie angewurzelt auf dem Asphalt, als ob der dampfende Teer seine Füße festhielte.

Schlecht.

Alles begann sich um Wolf zu drehen.

Er hörte gerade noch den letzten Zuruf des jungen Mannes:

„Du wirst noch umkommen, du Unglücksrabe!"

Und damit war es vorbei mit seiner Freude an der Großstadt.

Schon.

Man schleifte Wolf weg von dem breiten Platz am Taschkenter Bahnhof. Irgendwo, auf einer Stufe am Rand des Menschengewühls, blieb er zähneklappernd liegen. Die Malaria fraß sich in seinen Verstand.

Meir Halpern

Aus Staub und Sand

Aus Staub und Sand
Aus Trockenheit und Wüste
Komme ich. Müde
Von meinem langen Weg.
Dort gibt es keinen Vogel.
Dort gibt es keine Bäume.
Dort ist alles öd und leer.

Der Himmel: Blei.
Die Erde: ausgeglüht.
Lechzt durstig nach einem Tropfen Tau.
Und aus den Mäulern der Tiere recken sich die Zungen
Gierend nach einem feucht-kühlen Hauch.

Oh, dort ist die Luft ohne Erbarmen.
Mit Grauen ist überall alles bekleidet.
Wohin du dich wendest, in allen Winkeln
Schreck und Verlorenheit lauern ringsum.

Wirklich: Das ist des Schöpfers erster Versuch
In unverhüllter Nacktheit zu zeigen
Wo die Wege beginnen, die
In den letzten Abgrund führen.

Meir Halpern

Stiller, stiller, stiller Schritt

Stiller, stiller, stiller Schritt.
Hinter mir geht jemand mit.

Etwas rührt sich, schlurft und schnauft.
Meine Ohren horchen auf.

Ist's ein Traum? Ist's wirklich da?
Wer schaut mich an und ist so nah?

Ein Blick, ein Zittern. Verschwunden. Entflohn.
Er ist doch tot. Er ist doch tot.

Stiller, stiller, stiller Schritt.
Hinter mir geht jemand mit.

H. Binyomin

* * *

Ein Jude. Von Sorgen durchfurcht seine Züge.
Wie das Zünglein der Waage schwankt er von der Lüge
Des Blutmordes zum Wunder, das zu trösten vermag.
Hat gefälschte Minuten als Ware verwendet
Sich von Schrecken ernährt, seine Ruhe verpfändet
Und ihm fehlt jeden Tag eine Stunde zum Tag.

Bis die Zeit dann zwei Drittel des Juden verschlungen
Aufgeschwollene Tage auf ihn eingedrungen.
Jede Stunde verschluckte ein Kind, bis sich dann
Alle Minuten verdoppelt gebaren.
Dutzende Jahre erlebt in sechs Jahren
Verschrumpelt, verwaist und ein uralter Mann.

Wandert freundlos durch Nächte, die gar nicht mehr enden
Halb nackt, ohne Ruhe, ohne Kraft in den Händen.
Diesem Juden, der sprachlos geworden und still
Ist nur eines geblieben: Der Höcker der Nase
Um von weitem zu riechen die Düfte vom Grase
Zwischen verrotteter Monate Müll.

So geht er herum. Schleppt die todmüden Glieder
Findet kurz nur den Schlaf und erwacht sofort wieder
Über weite Strecken vom Winde gehetzt.
Und er sucht nach dem Weg, den er fast schon vergessen.
In dem Ort, wo nicht Uhren die Zeiten vermessen
Wo die Tage noch wachsen und man mit ihnen wächst.

H. Binyomin

An die jüdischen Schneiderinnen

Jüdische Schneiderinnen, ihr habt nichts, um etwas davon abzuschneiden
Und näht ohne Pause vom Morgen bis tief in die Nacht.
Es schimmert der schäbige Stoff in euren Händen so seiden
Und jeder Fetzen vom winzigsten Lumpenrest lacht.

Was von unsrer Freude als schäbiger Rest noch geblieben
Verkauftet ihr hier auf dem Schwarzmarkt schon lange für Geld.
Was hat euch aus Trotz in den nachtgrauen Stunden getrieben
Aus Stückchen von Hunger ein Brautkleid zu nähn für die Welt?

Jüdische Schneiderinnen, was treibt euch dazu, so bis tief in die Nacht hier zu
nähen?
Erhofft ihr euch Schönheit davon, weil es euch so gut steht?
Und habt, denn man darf sie beim Grenzübertritt doch nicht sehen
die Liebe schon lang in die Nähte des Mantels genäht.

Was stickt ihr mit schwarzen Fäden so viel bunte Gefühle
In sämtliche Tüchlein und zittert dabei?
Es setzt sich kein Jude mitten im Weg nur für Spiele
Als ob er ein kleines Kind aus dem Vorderhaus sei.

Jüdische Schneiderinnen, meine zerrissenen Hosen sollt ihr reparieren
Damit man nicht sieht: Ich bin einsam und mir ist so kalt.
Bin umgeben von Menschen als wär es von bissigen Tieren
Und dabei ist ein Weg ja doch schließlich kein Wald.

Meir Halpern

Sehnsucht

Sehnsucht, du Hure, was kriechst du zu mir!
Eiskalt bin ich, wie ein steinerner Fels.
Siehst du denn nicht, du, selbst mit verbundenen Augen
Mein Herz, diesen ausgebrannten Kalkofen?

Es war einmal
Ich glaubte einmal
An deine glühenden Nächte.
Im Flattermantel geschwebt. Zitternden Schritts.
Ach, noch immer gespenstisch, all das zu erinnern.

Du schmiegst dich an meine Schulter ganz ohne Scham
Und reißt mir die Kleider vom Leib.
Oh, Nacht – mein verfluchtes Leben! Wo dieses Elend begraben?

Du schweigst wie von gleich zu gleich.
Vom Totenbett soll sie aufstehn
Meine Mutter.
Traum, der über allen Wegen hängt.

Dovid Volpe

Ein Brief

Ein Brief, mit Tränen unterschrieben
Wegen Tod und Tod und Tod.
Fürs Siegel ist nur Blut geblieben
Und die Schrift ist feurig rot.

Die letzte Stimme all der Toten.
Ihr Alter ist schon längst erloschen.
Blutig würgt im Hals ein Knoten
Und ich schreib: „Man hat erschossen

Unsre Mutter, gute Seele,
Koscher reines edles Herz."
Es wächst der Knoten in der Kehle.
Finster wird die Nacht vor Schmerz.

„Und Vater hat man auch erschossen
Der so fleißig war und brav."
In seinem Blut, das man vergossen
Ertrink ich jede Nacht im Schlaf.

„Und die Schwester, auch erschossen
Und ihre Kinder, alle vier."
Und Tränen voller Blut begossen
Das leere weiße Briefpapier.

„Und der Bruder: Auch erschossen
Und sein Kind verbrannt wie Stroh."
- - - - - - - - - - - - - - - - -
- - - - - - - - - - - - - - - - -

„Und erschossen und erschossen.
Tod und Tod und Tod und Tod."
Blumen ohne Blüten sprossen
Im kalten Winde unserer Not.

Nein, kein Brief als letzte Gabe.
Ein Grabstein eingefärbt mit Blut.
Letzte Tränen noch am Grabe.
Als Unterschrift nur rote Glut.

ZURÜCKGEKOMMENE

Mendel Mann

Zurückgekommene

Sie gehen mit eiligen Schritten zum Ort
Wo früher einmal ihre Wiege gestanden.
Ständig narrt sie ein Bäumchen, ein Zaun.
Ist ihre Stube vielleicht noch vorhanden?

Sie stehn vor Ruinen, voll Schuld und voll Scham
Und ahnen, wie hinter den Trümmern der Wand
Ein Krähenschwarm aufsteigt. Sie hören ihn schrein.
Jeder Ziegel ermahnt sie. Es weint jeder Stein.

Sie gehen mit bleischweren Schritten davon.
Ihre Schultern tragen den Himmel mit Müh.
Fremd ist das Bäumchen am Wegrand, der Zaun.
Nur die sinkende Sonne scheint blutrot für sie.

Mordkhe Libhaber

Unsere Nachbarn

Was ist mit unseren Nachbarn bloß geschehn?
Ich sah sie plötzlich spitze Hacken tragen.
Nicht nur auf Läden hatten sie es abgesehn.
Sie haben wild auf Köpfe eingeschlagen.

Wer hätte das von ihnen je gedacht?
Vor Raub und Mord durch ihre Hand war mir nicht bange.
Sie haben freundliche Gesichter stets gemacht
Und lächeln jetzt das Lächeln einer Schlange.

In ihre Gärten ging ich oft im heißen Sommer
Legt mich zur Ruhe unter ihren Schattenbäumen
Aus Heu ein Polster macht ihr Jüngster für den Schlummer
Und legte sich zu mir und half mir träumen.

Der Vater lehnte an den Baumstamm eine Leiter
Er kletterte für mich die höchsten Äste
Er pflückte Kirschen, Pflaumen, Äpfel und so weiter
Und brachte mir als seinem Freund davon das Beste.

Die Ehefrau ließ mich die frische Milch probieren
Und lacht, als ich den weißen Schaum vom Mund geleckt.
Noch heut, ganz ehrlich, kann ich diese Süße spüren
Als hätt Rosinen ich und nicht nur Milch geschmeckt.

Und kam bei uns ein neues Kind zur Welt
Dann brachten sie Geschenke, nicht zu knapp.
Das schönste Hühnchen wurde für uns ausgewählt
Und selbst das Windelnwechseln nahmen sie uns ab.

Wir lebten nachbarlich jahrein jahraus
Als kämen wir aus einer Mutter Schoß
Die Freundschaft war ein Band von Haus zu Haus.
Wie herzlich war die Freundschaft und wie groß.

Ich hab im Guten immer nur an sie gedacht.
Beim Frühstück schon und auch am Sabbat-Tisch.
Hab ihnen einen Teller oft gebracht
Mit einem Stück vom besten Karpfenfisch.

Was ist mit unseren Nachbarn bloß geschehn?
Ich sah sie plötzlich spitze Hacken tragen.
Nicht nur auf Läden hatten sie es abgesehn.
Sie haben wild auf Köpfe eingeschlagen.

Mendel Mann

Ukrainer

Ihre Stuben frisch geweißelt.
Auch der Zaun ist neu gemacht.
Sie glauben, dass mein toter Vater
Im Garten umgeht in der Nacht.

Sie begleiten mich zur Schwelle.
„Es war ein Tag voll Sommerlicht."
Ein Tallit und ein Säckchen Tfillin,
„Mehr blieb von unsern Nachbarn nicht."

Blumig gekleidet bringen Mädchen
In irdnen Krügen Milch heraus.
Ein Jude ist zurückgekommen
Zu dem geschändet toten Haus.

Durch Trümmer führt der Weg zur Kirche.
Das Unkraut weint ringsum im Winde.
Die alte Bäuerin, ganz schwarz
Erfleht Vergebung für die Sünde.

Mordkhe Libhaber

Der Ring der Toten

Der Ring der Toten eng und enger.
Der Horizont bald nicht mehr da.
Der Raum des Lebens wird gedrängter.
Und ferner wird, was einmal nah.

Wie sehr sich unsre Blicke mühen
Sie finden nicht, was einmal war.
Die Wolken, die am Himmel ziehen
Machen die Sonne unsichtbar.

Der nächste ist uns jetzt ein fremder
Fremd müssen wir uns selber sein.
Die jungen Köpfe, glatt gekämmt
Erscheinen grau wie alter Stein.

Und Kinder, die wie Greise scheinen
Fallen in Schlaf, mitten im Spiel.
In ihrem Lachen, ihrem Weinen
Riecht es nach Grab und nach Ruin.

Jeder Tag ist ein geschenkter –
Was er uns bringt, das weiß man nicht –
Der Nacht nur mühsam abgezwängter.
Scharf wie ein Messer ist sein Licht.

Der Schlächter schleift das blanke Eisen
Das er wie einen Bogen führt.
Tat uns den Weg ins Schlachthaus weisen
Wo unser Blick den Tod gespürt.

Tief gebeugt ist unser Rücken.
Die toten Häuser menschenleer.
Das Leben zeigte seine Tücken
Verspricht kein großes Wunder mehr.

Der Ring der Toten eng und enger.
Der Horizont bald nicht mehr da.
Der Raum des Lebens wird gedrängter.
Und ferner wird, was einmal nah.

H. Binyomin

Es steht ein Haus an der Auschwitzer Straße

Das Sanatorium von „Dror" in Polen befindet sich in Świdnica,
Auschwitzer Straße Nr. 20

An der Auschwitzer Straße, da steht dieses Haus.
Hier sucht man Gesundheit, will sich erholen.
Es kommt ein Chawer, dürr und blass sieht er aus.
Sucht Ruhe – vom anderen Ende von Polen.

Trauer verschlungen von eisgrauer Zeit.
So wenige sind wir. Mit wenigen Worten.
Man schreibt sehnsüchtig Briefe an Freunde und schreibt
Auf den Umschlag Adressen von blutigen Orten.

Auf jedem Spaziergang verbellt dich ein Hund.
Täglich das Straßenschild dort an der Mauer.
Wie soll man das nennen? Heißt das nun gesund?
Ist es genügend beschrieben als Trauer?

Malascha Mali

In deiner Geburtsstadt

Jetzt bist Du in deiner Heimatstadt. Lodz, dein Lodz! Was hat der Moloch aus dir gemacht? Auf der einen Seite – helle weite Straßen mit Häusern, unberührt vom Sturm. Auf der anderen – das Ghetto: ein Tohuwabohu, Trümmerhaufen aus Steinen, Eisenschrott und Ziegeln. Und zwischen den Trümmerhaufen begegnest du unheimlichen Gestalten, Kindern und Erwachsenen, die sich mit Spaten in die Innereien der Ruinen hineinwühlen, eifrig etwas suchen. Erst später verstehst du, dass manche polnische Nachbarn, diejenigen, die zu faul dazu sind, ihren Lebensunterhalt auf übliche Weise zu verdienen, sich lieber auf den verheißungsvollen Weg machen, in den Überresten des Ghettos nach Gold zu suchen, vermutlich angezogen von der ewigen Legende über den jüdischen Reichtum.

Es kommt vor, dass du einzelne, halb-ganze Häuser vorfindest, die zwischen den Ruinen hervorragen, und die farbige Aufschrift auf ihren Mauern ist wie eine Folter, wie eine höhnische Erinnerung, wie ein Dolchstoß in deinem Herzen: Nicht zerstören – christliches Haus!

Still. Die kleine Insel, die gerade noch, so scheint es, in allen Farben des Regenbogens schimmerte und sich so harmonisch in Tönen wiegte, schweigt. Zertrampelt liegen die Momente deiner schönen Jugend im Staub.

Wie lang ist es jetzt her, seit hier dein Lagerfeuer so fröhlich flackerte und die Begeisterung junger Herzen zu Liedern wurde: „Rund um das Feuer Träume weben"?

Eine böse Hand hat dein Feuer erstickt und unsere Scheiterhaufen angezündet, von denen dein Inselchen zusammen mit seinen Bewohnern verzehrt wurde.

Wenn es nicht auf dem Scheiterhaufen verglühte, irrt das Leben auf einsamen Wegen herum, sucht nach dem Gewitter in den Ruinen nach einem Zeichen, nach der Andeutung einer vertrauten Gesichts.

Nicht ermordet, den Kopf nicht im Abgrund voll der Asche siebenfach verbrannter Körper verloren, sprengt der Schatten deiner Hoffnung alle sieben Himmel, fleht um Errettung, und die offene Wunde in deiner Brust erinnert nur daran, dass dort einmal ein Herz im herrlichsten Rhythmus des Lebens schlug.

Zerrissen liegt der Brautschmuck deines Frühlings, ein zerschlissenes Netz, das keine guten Minuten mehr fangen kann.

Ein böses Gelage hat der Feind hier gefeiert, eine Art Spiel, das du jetzt so schnell nicht begreifen kannst. Nur eines ist klar: Dass du dein zerstörtes Nest nicht auf dem Grab deiner Nächsten wieder aufbauen möchtest.

Jetzt bist du mit Chanele und dem kleinen Söhnchen im Repatriiertenhaus an der Jakuba-Straße 16. Auf der „Träneninsel", wo sich die Wege der wenigen überlebenden Juden kreuzen, werdet ihr nur Schiwe sitzen.

Und weil du etwas über deine Angehörigen erfahren möchtest, rennst du wie ein Verrückter zu den Hausmeistern des Gebäudes, in dem du mit deinen Eltern gewohnt hast.

Aber sie, die Wojcechowa, klagt dir ihren eigenen größten Kummer: „Stell dir vor", kann sie sich nicht verzeihen, „als das Ghetto liquidiert wurde, war ich gerade krank und konnte nur wenig zu mir nach Hause transportieren. Hab und Gut lagen auf den Straßen des Ghettos", hört die Erzählerin nicht auf sich zu ereifern, „andere sind reich geworden, und mir hat der Teufel eine Krankheit an den Hals geschickt – es ist doch zum Verrücktwerden, zum grün und blau ärgern ist das! Was ich wieder für ein Glück habe! Nein, auf die deinigen brauchst du nicht hoffen – waren unter den ersten, die in die Krematorien geschickt wurden. Aber eine Menge Judenpack ist übrig geblieben. Sie kommen jetzt wieder zurück…"

Sie sagt noch etwas in Richtung der Tür, die Alte, aber du, umnebelt von Schmerz, gehst mit wackligen Schritten schnell die Treppe hinab.

Du gehst nirgends mehr hin.

Das Herz in Fetzen gerissen starrst du stundenlang in den Abgrund deiner eigenen Erinnerungen.

Eine letzte Eisblume glüht traurig auf der Scheibe.

Jemand schnarcht. Noch ein Tag, ein geplagter. Jemandem schnürt der albtraumhafte Schlaf auf seinem Feldbett die Luft ab. Und du, hell wach, zwischen ihnen: Die Nacht spinnt trostlos einen dünnen Faden, und du kannst nicht einschlafen.

Chanele schluchzt leise in ihr Kissen und du weißt nicht, wer dich mehr dauert: Chanele in ihrem Leid, oder das Kind, das sich morgen in den Krämpfen winden wird, die es mit den Tränen der Mutter aufgesogen hat.

Wie mit einer glühenden Ahle wird der Schmerz dich stechen, und alle deine Nächte werden wie eine mit Wahnsinn gefüllte Flasche sein.

Kein Entrinnen?

Am Kopfende liegt dein Rucksack für neue Wege bereit. Und Chanele und das Kind sind schon bereit für die Wanderschaft. Was gibt es für sie denn vorzubereiten?

Also sich wieder in einem Graben verstecken, in den Bergen, in einem Wäldchen, und weiterwandern: Hauptsache schnell und schneller, Hauptsache so weit wie möglich weg von dem Ort, wo der Mörder sich solche unglaublichen Todesarten ausgedacht hat, um uns zu vernichten. Vielleicht werdet ihr dorthin gelangen, wo jetzt für die Juden alle Wege hinführen?

Aber die Welt hat ihre eigenen Sorgen und unsere Zerstörung kümmert sie nicht.

Wie seit Urzeiten schneidet die Mondsichel das Himmelgras in der Höhe. Wie seit Urzeiten unterhalten sich die Sterne schweigend und schicken der Welt von Zeit zu Zeit einen silbernen Boten.

AN DIE HURE DEUTSCHLAND

Meyer-Ber Gutman

An die Hure Deutschland

Hör mir gut zu, Hure!
Weil hier ein Sohn
Eines unglücklichen Volkes spricht.
In deinen zerstörten Städten
Sehe ich unser großes Leid.
In deinen zerstörten Häusern und Palästen
Sehe ich die Trümmer meines Lebens.
Schon hundert Tage laufe ich wie ein Verrückter
Auf deinem blutigen Boden.
Der Schmerz hat sich aufgestaut
Und meine Schritte brennen.
Die Trauer deiner Verwüstung
Schlürfe ich in mich hinein.
Das Unglück schaut heraus
Aus den toten Löchern
Deiner Behausungen.
Es erfüllt mich mit Pein,
Nicht mit erlösendem Weinen.
Ich kann mich nicht freuen
Über deinen Untergang
Denn sie ist erloschen
Die Freude
In meinem Leben.
Ich dachte: Wenn ich sie überlebte
Das Ghetto, Auschwitz, Dachau
Dann hätte mein Leben einen Wert.
Dann wäre deine Macht
Erniedrigt, zerstört.
Das habe ich gedacht,
Erhofft und erwartet
Und wurde enttäuscht.
Es gibt keine Freude mehr
Alles ist zerstört.
Der Trost und die Freude
Über deinen Untergang
Sind mir nicht beschert.
Du schamlosestes aller Völker
Hör mich gut an!
Die Römer stammten von einer Wölfin ab

Und du von einem verrückten Schakal
Der dich mit einer läufigen Hündin
Auf einem Misthaufen gezeugt hat.
Syphilitische Hure!
Du hast mein Leben vergiftet
Meinem Volk die Ruhe geraubt
Und kein Sühnegeld macht das wieder gut.
Beschimpfen würde ich dich
Doch mir fehlt der genügende Fluch
Und so gehe ich im Joch
Von Schmerz und von Leiden
Ohne Rache, ohne Freuden
Ein Herrenvolk wolltest du sein?
Darüber kann man nicht mal mehr lachen.
In deinen Ruinen
Begatten sich streunende Hunde
Und Katzen jammern vor Graun
Und über dein Herrenvolk
Lacht mit langer Nase ein Clown.
Am Tag nach dem Fall deiner Größe
Haben sich deine Töchter
Für Schokolade verkauft
An Weiße, Neger, was immer
Und nahmen für ein Glas Bier
Fremde Männer aufs Zimmer.
Jeden Juden lächelt ihr an
Der gestern noch
Ein Drecksack war, ein Schweinehund
Und schrubbt die Aborte
Für ein klein Stückchen Brot.
Da ist kein Unterschied mehr
Ob einer groß war oder klein.
Ihr sagt: Ich ein Nazi? Nein!
Gefallen ist deine Größe.
Mit den blanken Schwertern
Deiner Generäle
Habe ich Holz gehackt
Um mein dünnes Süppchen zu kochen
Aus Kartoffeln, organisiert
Bei den reichen Amerikanern
Meinen Befreiern.
Erloschen die Legende
Deiner unbezwingbaren Macht.

Aber noch brennt deine Erde
Und kocht
Von vergossenem Blut
Wie die Steine auf denen
Die Frevler ihn schlachteten
Den Propheten Zechariah.
Und deinen unreinen Boden
Betritt nun wieder mein Fuß
Und jeder Schritt, jeder Tritt
Hallt wie ein höhnischer Gruß.
In deinem Lande
Ist mir zu sehen beschert
Deine Schande.
Und auch das kühlt nicht
Mein Herz
Das siedet und glüht
In meinem Lied.
Und würde man deine Kinder
An Felsen zerschmettern
Das würde nicht reichen
Meinen Jammer zu stillen.
Jede Tochter von dir
Heißt Irma Grese
Und jeder Sohn Kramer.
Es soll alles verflucht sein
Was du je geschaffen.
Deine Musik, deine Dichtung und Philosophie
Will immer nur eines: Menschen versklaven.
Würden die Flüche von mir
Etwas bewirken
Ich verflucht mich mit dir.
Steht auf ihr Halunken
Himmler, Goebbels und Hitler!
Seht euch an, wie die Beine
Unserer Söhne und Töchter
Die Hora hier tanzen
Auf eurem heiligen Boden.
Hört euch an, wie die Lieder
Geretteter Kinder
In eurer rassenreinen Luft widerhallen
Und verreckt noch einmal!
Du gewöhnliche Hure!
Verflucht bis ins zehnte Geschlecht

Wer deine Ruinen wieder aufbaut.
Deine zertrümmerten Städte
Sollen ein Schandzeichen sein
Durch Generationen und Zeiten
In alle Ewigkeit
Und jetzt sprecht alle: Amen.

Mönchengladbach – Bergen-Belsen 1945

Dovid Volpe

Berchtesgaden 1947

a) Berchtesgaden am Tag

Ein großes buntes Heft liegt aufgeschlagen
Mit Stuben, Dächern, Straßen, einem Weg.
Die Wasserfälle spannen Glitzerschnüre
Und riesig kauert ringsum Berg auf Berg.
Gotisch verschnörkelt steht an jeder Villa
Welcher Familie sie gehört seit altersher.
An jeder Wand hebt ein gemalter Krieger
Ein Heiliger, ein Priester froh sein Glas.
Und Jesulein, vom Regen und der Sonne
Verwittert, füllen jeden Winkel aus.
Und schon am Morgen liegen frische Blümchen
Zu ihren Füßen blühend unterm Kreuz.
Die Häuser schweigen, wiegen sich in Ruhe
Zufrieden, friedlich, wie nach einem süßen Schlaf.
Die Sonne kriecht bis in die tiefsten Ritzen
Und leuchtet durch der Felsen dichten Wall.
Der Widerschein des Lichts auf allen Bergen
Verführt mit seinem Glanz bis tief ins Tal
als würden tausende von kleinen Splittern
funkeln und schimmern, rot und grün und blau.
Und staunend steht ein heimatloser Jude
Auf einem steilen Abhang überm Grund
Und zitternd, voller Furcht sieht er den Abgrund
Der tief und schroff vor seinen Füßen klafft.
Sieht grüne Hüte leuchten, wie auf der Parade
Medaillen schmücken bayerisch diese Pracht.
Warm und zufrieden liegt hier Berchtesgaden
bis Feuer dann entflammen in der Nacht.

b) Berchtesgaden bei Nacht

Von Feuern grell erhellte Nacht.
Wölfische Augen in der Runde.
Hier wurde Böses ausgedacht.
Ein schwarzer Geist führt wilde Hunde.

Sie jagen durch den kahlen Raum
In schwarzen Tüchern, wie von Leichen.
Vor ihrem Maul steht roter Schaum
Als sie den Wartenden erreichen.

Der hinter seiner Mauer steht
Und finster spinnt an den Legenden.
Er spricht ein Lob- und Dankgebet:
Die schwarze Nacht soll nie mehr enden.

Ein Lob! Ein Lob! Gepeinigt sei
Der Menschen Leib von Nacht und Schrecken
von dem versteinerten Geschrei
und all den Ängsten, die ihn wecken.

Schwingt ein Gespenst die Flügel – Tod.
Die Riesenkrähe auf den Leichen.
Augen von Wölfen schicken rot
Von Bau zu Bau geheime Zeichen.

Gekreuzte Knochen. Schädel leer.
Die Augen Futter für die Maden.
Die SS-Fahne, wie vorher
Weht über diesem Berchtesgaden.

Shloyme Vorzoger

Bayerische Alpen

Berge.
Ur-Ungeheuer.
Ichthyosauren.
Als hätten sie sich im Halbkreis postiert.
Tauchen ein ins Gold der Sonne
Oder lassen sich weiß überziehen vom Schnee.

Berge.
Höckrige Rücken von Kamelen
Wie stehen geblieben in vertrockneter Steppe
Als machten sie Rast unter offenem Himmel.
Unförmig, schwer
Ruhen sie hier schon seit Äonen.
Aus Frost, Wind und Stein ihre Haut
Und die Haare der Alten sind Bäume.

Und jeden Morgen, jeden Abend
Wenn die Sonne hinter dem Berg sich entzündet
Und flammend erstirbt
Sieht man den rosigen Schein, viele Werst weit
Der die Züge des Berges vergoldet.

Und manchmal geschieht's:
Die verglühende Sonne, verirrt auf dem Gipfel des Bergs
Wie auf dem Amboss wird sie plötzlich zerhämmert
Und schleudert Funkenpfeile rot ins Himmelblau.
Sie entzünden
Ringsum den Horizont und färben ihn
Gold, rosa-grün und gelb-violett.
Und dir scheint:
Hier schleift und feilt die geübte Hand eines Künstlers.
Ein Tätscheln, ein Wischen
Ein Pinselstrich
Und ein Mosaik entsteht.
Bis plötzlich nächtliche Schatten auftauchen
Mit dem Mond, bleiche Sichel der Guillotine.
Und der goldene Kopf des Tages fällt ab
Und rollt in die Tiefe, auf der anderen Seite des Berges.

Auch abends sehe ich euch
Und spät in der Nacht.
Aneinandergeschmiegt unter tiefschwarzer Decke
Liegt ihr alle so stumm
Und werft als Schatten eure zahllosen Schrecken
Auf die Täler ringsum.

So liegt ihr da. In Nacht gehüllt
In tierhaft leichtem Schlummer
Und über euch der Himmel:
Mal dichter, schwarzer Trauerflor
Mal mondblau aufgehellt.

Und es geschieht: ein Stern verlöscht.
Er hat nicht weit zu fallen.
Die Berge sind erfüllt davon
so wie am Tag von Strahlen.

Berge.
Und jeder entwickelt, entknäuelt
Sich selber heraus aus dem nächsten.
Doch etwas abseits, für sich ganz allein
Als wär er beleidigt, steht ein Berg einfach so.
Ist rundlich geformt nach oben zur Spitze
Wie von der Klosterkirche die Kuppel.
Nur hat der Wind, scheint mir, das Kreuz abgerissen
Als fehlte dem Kloster die Mütze.

Ich seh euch mit stummer Sorge und bange:
Im schönen Tal zwischen den Bergen, hier war das Nest einst der Schlange.

Ich seh euch mit stummer Sorge, voll Schreck.
Wie oft euch die Sonne auch reinwäscht, es bleibt für immer der Fleck.

Bad Reichenhall, 1946

Hershl Vaynroykh

Landschaft…

Die bescheidene Stube eines fröhlichen Kürschners, irgendwo in einem abgelegenen russischen Schtetl. Die Mutter hatte es gerne hübsch, sie ertrug keine leeren Wände. Deshalb zweigte sie von den schwer erarbeiteten wenigen Kopeken, die ihr mein Stiefvater für das Sabbatmahl gegeben hatte, ein paar Münzen ab. Sie kaufte auf dem Markt drei Bilder und schmückte damit die Wände.
Wie alt war ich damals? Sieben Jahre.
(…)
Die Mutter sagte zu mir: „Siehst du, Jisrolikl, das hier ist Moses und das dort ist Doktor Herzl."
Ich versenkte mich in das strenge Gesicht mit dem langen Bart und den Feuerstrahlen über dem kraushaarigen Kopf. In den Mundwinkeln entdeckte ich ein mildes Lächeln und in den glühenden Augen einen sanften Blick. In seinen Händen hielt er weiße steinerne Gesetzestafeln, in die die zehn Gebote eingemeißelt waren. Und von allen Geboten grub sich eines am tiefsten in meinen kindlichen Verstand ein: „Du sollst nicht töten." Bis heute ist es tief in meiner Seele verwurzelt. Das Bild von Moses wird vor meinen Augen leuchten, so lange ich lebe.
Ich betrachtete das verträumte Gesicht mit dem gepflegten, eckig gestutzten schönen Bart, die schönen Geheimratsecken, die unter den schön frisierten Haaren hervorschimmerten. Und entdeckte in den Mundwinkeln ein mildes Lächeln, und in dem sanften Blick aus den glühenden Augen eine quälende Sehnsucht. Er streckte eine Hand nach Osten aus, zum Orient jenseits des Meeres, wo die Sonne golden auf ein weißes Kuppeldach und eine Palme strahlte.
Und in mein kindliches Gedächtnis brannte sich der Orient ein, die weiße Dachkuppel, die Palme und die strahlende Sonne. Ich wusste schon, dass dies das Land Israel war, aus dem man meine Vorfahren in den Goles vertrieben hatte. Das Land Israel ist bis heute tief in meiner Seele verwurzelt. Das Bild von Doktor Herzl wird vor meinen Augen leuchten, so lange ich lebe.
Dann musterte ich das braun glänzende Bild, das zwischen Moses und Doktor Herzl hing. Es zeigte grüne Hügel mit braunen Bäumen, dazwischen graue Felsen, deren nackte Schroffheit mir Angst machte. Und über den grünen Hügeln mit den braunen Bäumen ragten weiß verschneite Berggipfel wie Messer in den grauen Himmel.
Auf einem der grünen Hügel sah man eine mächtige Mauer. Ein Schloss stand da, die Mauern spitzackig eingezäunt. Das Schloss war aus großen braunen Steinbrocken gebaut, die vielen kleinen Fenster hinter schwarzen Eisengittern hell erleuchtet. Als ob es nicht ein vornehmer Palast, sondern ein Gefängnis

wäre. Das große schwarze Eisentor stand offen und ein Mann mit schweren Schuhen an den Füßen trat heraus, gekleidet in kurze braune Lederhosen und einen langen grauen Rock, bestickt mit grünen und roten Blüten. Auf dem Kopf trug er einen braunen Hut mit einer rot-gelben Feder, und der Hut war verziert mit blau-weiß-roten Sternchen, Bäumchen, Blüten und Hirschköpfen. In der Hand hielt der Mann ein Gewehr. Zwei braunweiße Hunde liefen ihm voraus. Unter dem grünen Hügel mit der braunen Mauer erstreckte sich eine große Wiese, auf der sich gelb-braun das Gras wiegte. Irgendwo zwischen den grünen Hügeln ragte ein nackter, grauer Fels hervor, über den ein klarer Wasserfall ins Tal toste. Und unten, zwischen den Hügeln, erstreckte sich ein weißer See. Die Landschaft auf dem braun glänzenden Bild grub sich in mein kindliches Gedächtnis ein, und bis zum heutigen Tag blendet sie meine Augen mit ihrer Schönheit.

Die braun glänzende Landschaft löste in meinem Kindergemüt aber auch ein Erschrecken aus, das ich damit wohl verbinden werde, so lange ich lebe. „Mutter", fragte ich, „was stellt das Bild dar? Was für ein Land ist das? Was leben dort für Menschen?"

„Ich weiß es nicht, mein Kind", antwortete die Mutter. „Kann sein, dass es so eine Landschaft gar nicht wirklich gibt, dass sie aus der Phantasie des Künstlers stammt, der sie gemalt hat."

Aber mein Stiefvater, der fröhliche Kürschner und Wortspieler, entdeckte mit seinen zerstreuten Augen unter dem braunen Bild eine schwarze Aufschrift in kleinen, runden lateinischen Buchstaben. Er biss sich fast die Zähne an ihnen aus, mein Vater, bis er endlich vorlesen konnte: „Bayerische Landschaft."

„Was heißt das, Vater?"

Und mit ausholenden Schritten begann der Vater auf seinen langen Beinen in der Stube auf und ab zu gehen und nachzudenken. Schließlich blieb er vor dem Bild stehen und seine zerstreuten schwarzen Augen verdüsterten sich. Er seufzte, wandte sein Gesicht von der Landschaft ab und schaute meine Mutter an. Dann wandte er sich mir zu und begann, wie es seine Art war, zu räsonieren.

„In den fünf Büchern Moses bin ich diesem Wort nicht begegnet, aber versuchen wir es auszulegen. ‚Bayern' könnte doch ‚Bauern' bedeuten, und ein Bauer ist ein ungebildeter, ungehobelter Kerl. Vielleicht ist es das Land der ungehobelten Kerle. Aber vielleicht sollten wir es ganz anders ausdeuten, denn ‚Bayern' könnte doch auch ‚Babel' heißen, und das bedeutet Goles, und mit dem Goles hat uns Gott doch bestraft. Und siehst du, Schewa", wandte er sich plötzlich laut und freudig an meine Mutter, „es gefällt mir, dass du den bayerischen Goles zwischen Moses und Doktor Herzl gehängt hast. Das gefällt mir. Das bedeutet, dass wir aus dem Goles erlöst werden sollen."

Meine Mutter lachte über die Weisheiten meines Vaters und mich berührte, berauschte und bedrohte die Schönheit der bayerischen Landschaft. Ich wollte wissen, ob es tatsächlich ein Land mit solchen Menschen gab wie auf dem braun leuchtenden Bild.

In den Petliura-Pogromen schlachtete man meinen armen Stiefvater ab. In den Hitler-Pogromen verbrannte man meine gute Mutter. Und ich stahl dem Tod meinen Leib. Lange irrte ich umher, ein Tier, das vor seinem Jäger flieht. Ich überwand Zäune und Gitter. Ich kam an Ruinen vorbei und an Massengräbern, in denen meine verbrannten, erschlagenen, geschundenen Nächsten liegen: Väter, Mütter, Schwestern, Brüder, Säuglinge und der Dorfrabbiner. Und als ich in den Wäldern zu den Partisanen stieß, brannte in mir der Hass gegen den Feind, der mein Dorf angezündet und mein Volk vergast hatte. Achtzehn Monate kämpfte ich mit dem Gewehr in der Hand gegen die Feinde Israels, bis ich wieder in ein Ghetto geriet. Soldaten in braunen Uniformen deportierten hunderte Juden aus dem Ghetto, stießen sie in Waggons und transportierten sie in ein unbekanntes Land. Und plötzlich blieb der Sklavenzug stehen. Nur ein Drittel kam lebendig aus den Waggons heraus. Die anderen blieben tot dort liegen. Und vor meinen Augen erstreckte sich ein Panorama aus grünen Hügeln und braunen Bäumen, mit grauen Felsen, mit einem großen Schloss, mit einem tosenden Wasserfall, mit einem weißen See, mit einer endlosen Wiese, mit gelbbraunem Gras, und mit weißen, schneebedeckten Berggipfeln, die wie Messer in den grauen Himmel schnitten. Und in diesem Moment erinnerte ich mich an das braun glänzende Landschaftsbild, das in meinen Kinderjahren an der Ostwand unserer Stube hing, zwischen den Bildern von Moses und Doktor Herzl.

Bayerische Landschaft!

Das ist sie nun wirklich, die Landschaft der Bayern, der Bauern, Jäger und Hunde. Das ist der bayerische Goles! Ich brach vor Schmerz und Leid zusammen. Fiel mit dem Gesicht auf die unreine Erde und begann furchtbar zu weinen.

Mutter, Mutter, warum hast du diese braun glänzende Landschaft gekauft?

Meine Mutter wusste nicht, ob es überhaupt so eine Landschaft gab, mit Kreaturen in Menschengestalt, die sich mit grünen Gewändern herausputzten, sich mit grünroten Blüten schmückten und sich mit Hunden anfreundeten und Raub betrieben und in ihren Häusern Geweihe aufhängten.

Und ich wurde würdig befunden, die Landschaft auf jenem Bild mit eigenen Augen wirklich zu sehen.

Ja, Mutter, es gibt diese Landschaft.

Und Du, Vater, hast prophetisch räsoniert: Bayerischer Goles!

* * *

Der Messias kam zu mir mit einer Fahne. Mit rot-weißen Streifen und einem blauen Rechteck mit weißen Sternchen. Nicht von Gott kam dieser Messias, sondern von Onkel Sam. Jetzt sitze ich in einem Lager des deutschen Goles, ich, ein befreiter Jude. Ich schaue auf die schöne Landschaft und träume: Messias aus dem Stamm Davids, wenn nicht du, dann Messias aus dem Stamm der

Hagana, und wenn du auch nicht, dann Messias aus dem Stamm der Irgun –
erlöst mich aus dieser schönen Landschaft! Vom Sitzen in den befreiten Lagern
ist meine Geduld am Ende, die Sehnsucht bohrt und wird zum Sturm. *Ich will
nach Hause!*

Shloyme Berlinski

Frühling und das Mädchen mit der Harfe

Der Frühling enthüllte sich mir diesmal auf ganz besondere Weise.

Im Skelett eines vierstöckigen Gebäudes, dem eine Bombe das Dach und alle Böden weggerissen hatte, und von dem nur vier nackte Wände mit leeren Tür- und Fensterlöchern stehen geblieben waren, in dieser Ruine erblickte ich die erste zarte Pracht des Frühlings.

So viele offene Türen und Fenster es auch gewesen sein mögen, sie waren alle mit Sonnenflimmern überzogen, als hätte man Himmelsvorhänge über ihnen ausgebreitet. Und die Helligkeit drang von zwei Seiten hinein: Von Osten nach Westen und von Norden nach Süden. So schillerten sie ineinander und gossen immer mehr leuchtend helles Licht in den Raum. Und es brannte und flammte von weissem Feuer, als finde dort in der Ruine ein Ball von „jenen Leuten" statt.

Und aus dem blauen Himmelsmeer lächelte die Sonne herab, wie jemand, der sagt: „Was geht es mich an, ich tue das Meinige, es ist doch Frühling. Warum nicht auch in einer Ruine?"

Die Fassade war braun. Nun, die Sonne hatte sie so braun gefärbt wie ein frisch gebackenes Sabbatbrot. Es schien unmöglich, dass über dem Haus eine Bombe abgeworfen worden war, die ihm den Kopf abgerissen, die Eingeweide zerfetzt und den ganzen Bienenstock an Bewohnern ausgeräumt hatte. So frisch schien die Fassade jetzt.

Wenn es hier oder dort einen Spalt gab, einen weissen Fleck, wirkte die eindringende Sonne wie ein Lachgrübchen in der Wange.

Aus dem verfallenen Gebäude ragten rohe Eisenstangen, Stangen aller Arten, gelb von Schnee und Regen und vom Rost zerfressen. Nun, jetzt verwandelte die Sonne sie in Gold, in richtiges Gold, das glänzte und sogar wie eine Goldmünze das Licht reflektierte. Auch wenn die Stangen verbogen, verkrümmt waren, das machte nichts aus. Die Kerben auf ihnen sahen aus wie Gravuren. Und das Verbogene? Erstens musste man doch darüber nachdenken, was es darstellte. Und zweitens blendete die Sonne so sehr, dass man überhaupt keine Details erkennen konnte. Zu sehr erleuchtete und umkränzte sie alles.

Als wäre das noch nicht genug, spross Gras aus den Rändern der Ruine, als wären sie mit Blumenkörben dekoriert. Vorerst waren nur die Spitzen der Gräser zu sehen, später einmal würde alles mit einem grünen Teppich bedeckt sein und – verhüllt wären die Kriegswunden.

Aber ein Gegenstand in der Ruine brachte mich ins Grübeln.

Auf halber Höhe stand auf einem schmalen Podest die Figur eines Mädchens mit einer Harfe.

Die Figur stand da, das anmutige Köpfchen ein wenig geneigt, den Blick auf das Instrument gerichtet und vor ihrem jungen Busen spannten sich die

Saiten ihrer Harfe, als würden bald ihre Herztöne mit den Klängen ihrer Harfe zusammenfliessen. Mit der einen Hand hielt sie das Instrument fest, und die zweite war bereit zum Spiel.

Hinter ihr, dem Mädchen mit der Harfe, eine Ruine aus lauter Löchern wie in einem Sieb, die auf eine ganze Strasse aus weißen Flecken von zersplitterten, zerfallenen und eingestürzten Gebäuden blickte. Und sie, ganz unschuldig mit der Harfe in der Hand, bereit zum Spiel.

In mir rührte sich der Schelm: „Ha-ha, ja, intoniere die Zerstörung, inmitten derer du dich befindest, du, Mädchen mit der Harfe!"

Gräfelfing bei München, März 1947

Meyer-Ber Gutman

Herbst

Der Ahorn vor meinem Fenster
Zittert in letzten Krämpfen
Und schreckt zurück vor dem Tod.
Die ganze Nacht heulte
Ein Sturm.
Die Berge auf der anderen
Seite des Flusses
Entschleiern sich
In grellem Dämmerlicht
Und hüllen sich in tiefrotes Granat.
Die Bayerischen Alpen
Winken mir zu
Schon wochenlang,
Aber ich
Das Kind aus der Ebene
Verstehe nicht
Ihre geheimnisvolle Sprache.
Lodz
Sprach zu mir
Mit Rauch speienden Schloten
Die jüdischen Städtchen mit Elend
Polen mit Hass
Mein Herz mit Sehnsucht.
Jetzt lerne ich
Die Sprache der Berge
Wie ein Kind buchstabieren.

Yitskhok Perlov

Es blühen die Felder

Es blühen die Felder in Deutschland.
Der Deutsche hält Ernte zur Zeit.
Seine Schwester küsst Mr. Jack ab
Und der flüstert zärtlich „All right!"

Es blühen die Felder in Deutschland
Die Felder von Totschlag und Mord.
Unter reichlicher Ernte erspähst du
Von Massengräbern den Ort.

Es blühen die Felder in Deutschland.
Verwelkt ist der Traum des DP.
Ganz blass und verhärmt steht er vor dir
Doch sein Blick ist nicht hier, ist es nie.

Es blühen die Felder in Deutschland
Von den Strahlen der Sonne erhellt.
Als hätten Dachau, Mauthausen
Gar nicht existiert auf der Welt.

Es blühen die Felder in Deutschland
In uns blüht der Hass und die Wut
Schäumt über die Zäune des Lagers
Bald steigt in den Straßen die Flut.

Shloyme Vorzoger

Was die Tage zu mir sagen

Rosenmorgen. Blonder Tag.
Silbernacht in blauem Schein.
Neckisch die Versuchung sagt:
Was schreibst du noch von Not und Pein?

Der Vogel singt. Es singt der Teich.
Am grünen Ufer singt der Stein.
Ein Windhauch flüstert mild und weich:
Was schreibst du noch von Not und Pein?

Die Erde eingehüllt in Licht.
Der Himmel lächelt blau und rein.
Ein Sonnenstrahl streift mein Gesicht.
Nun hör schon auf mit Not und Pein!

Rosenmorgen. Blumenband.
Verführt mich nicht. Seht es doch ein:
Auf düsterem Weg in fremdem Land
Kann mein Gesang nicht anders sein.

Bad Reichenhall 1947

Mates Olitski

Stuttgart

Du bist schön.
Und dass du schön bist, lässt mich traurig sein.
So viel Himmel über dir – und mir fehlt Luft.
So viele Menschen auf der Straße – und ich bin allein.

Deine Häuser ruhn bequem auf grünen Hügeln.
Mit feuchten Wolken putzt der Tag die Fenster sauber
Und lässt die Sonne sich lebendig darin spiegeln.

In deinem Hof beginnt der Horizont gleich an der Wand
Zusammen mit dem Baum voll Obst.
Menschen berührn ihn mit der Hand.

Einer von ihnen hat mein Haus verbrannt.
Nicht zu ertragen: diese blankgeputzten Fenster, groß und klar
Die Sonne, die lebendig tanzt in meinem Haar.

Nicht zu ertragen: dieser Horizont, der jenem
Den Blick nicht mild gemacht hat.
Der Garten, der ihm süße Frucht gebracht hat.

Du bist schön.
Und dass du schön bist, lässt mich traurig sein.

Shloyme Vorzoger

Friseur

Der Boden grünes Linoleum.
Der Rahmen spiegelblank poliert.
„Wiederschaun, danke, guten Tag"
Wenn die Tür geöffnet wird.

Nickelzeug in kaltem Glanz.
Der Klang der Lippen kalt und hart.
Kalt der flüchtig fremde Blick
Der gespenstisch, glasig starrt.

Das Lächeln ins Gesicht gefrorn.
Im Fenster steht aus Gips ein Kopf:
Der Kaiser Rotbart. Links und rechts
Aus Wachs zwei Fraun mit blondem Schopf.

Alles berechnet, was du tust.
Mit Strom betrieben, nicht mit Blut.
Lautstark und falsch klang euer „Heil!"
Jetzt klingt noch falscher das „kaputt".

Der Boden grünes Linoleum.
Im Rahmen glänzt der Spiegelschliff.
Und siegreich lenkt auf einem Bild
Ein Käptn sein Piratenschiff.

Bad Reichenhall, August 1946

Mates Olitski

Das blaue Kleid

Wie gut es dir doch steht, das blaue Kleid, wie schön!
Apollo könnte so mit dir spazieren gehn.
Der dünne Stoff ist durchsichtig und rein.
Es macht dich schlank, grazil, so jugendlich, so fein
Wie reizend siehst du in dem Kleid doch aus!
Doch stammt es nicht aus unserm toten Haus?

Wie gut dir heute dieses blaue Kleid doch steht!
Wie angegossen, wie für dich genäht
Umschmiegt es deine Taille. Und es schwebt
So zärtlich mit, wenn sich dein Busen hebt.
Das schöne blaue Kleid, es ist jetzt dein.
Trug es nicht einmal unser Schwesterlein?

Wie gut dir dieses blaue Kleid doch passt!
Wie schmeichelnd weich es deinen Leib umfasst.
So wie der Himmel strahlt, strahlt auch dein Blick.
Du schaust dich an, und du genießt dein Glück.
Wie gut es dir doch steht, das blaue Kleid, wie gut.
Sieht man darauf nicht einen Tropfen Blut?

Mates Olitski

Friedliche Stadt

Ich will hier weg. Will nicht mit harten Schuhen
Bei jedem Schritt die Ruhe stören hier.
Ich lass den Löwen an der Wand der Kneipe ruhen.
Über den Rand des Glases läuft der Schaum vom Bier.

Mit nackten Füßen sind die Brüder hier gegangen
Und haben euren Frieden nicht gestört.
Die weiße Stille, die euch jetzt umfangen
herrschte auch damals hier auf eurer Erd.

Wenn einer schrie, dann ließt ihr euch nicht stören.
Wenn er die Lippen blutig biss – ach, je.
Sie waren fern von euch, zu fern zum Hören.
Und reine Unschuld war der weiße Schnee.

Macht keinen Lärm ihr Schuhe! Vorsicht bei den Schritten!
Und nur ganz leise Fuß vor Fuß gesetzt.
So wie die Brüder, die man barfuss mitten
Durch dieses ruhige Städtchen einst gehetzt.

Ich will hier weg, nur weg. Nicht aus der Ruhe schrecken
Den Schlaf der Löwen und im Glas das Bier.
Der reine Schnee, er soll mit Unschuld decken
Die Peinlichkeit, dass ihr verschwandet hier.

Mates Olitski

Ruhe

Was jeder Körper meint, bleibt mir verhohlen.
Verdächtig scheint mir jegliches Gesicht.
Fand keine Ruhe mehr daheim in Polen
Und finde sie auch hier noch immer nicht.

Verneigt sich einer, kann ich es nicht deuten.
Ist es ein Gruß? Holt er zum Schlagen aus?
Hör auf den Lippen von den Nachbarsleuten
Den Windstoß, der mich wegbläst aus dem Haus.

Mein Auge fürchtet, fremdes Auge zu berühren.
Vielleicht bekamen seine Wimpern damals mit
Den letzten Schatten von verlassnen Türen
Und traurig meines Bruders letzten Schritt.

Wie weiß ich, wo sie wohnten, die Verbrecher?
Und wo die rein gebliebnen Häuser heute stehn?
Denn dazu schweigen ihre ziegelroten Dächer
und alle sind im Abendlicht so schön.

Sie lüften die Gardinen so verstohlen.
Die Gartenbank ist so verdächtig leer.
Fand keine Ruhe mehr daheim in Polen.
Und finde sie auch hier noch lang nicht mehr.

AUF FREMDER ERDE

Meyer-Ber Gutman

Auf fremder Erde

Jüdisches Volk!
Da wandert nun also dein Dichter
Auf fremder Erde.
Und ich weiß noch nicht, welchen Tod
Ich sterben werde.
Für mich ist das Leben schon längst
Nicht mehr zu ersehnen.
Das Auge bleibt trocken dabei
Und ganz ohne Tränen.
Was soll ich denn noch mit dem Leben?
Wenn es öde im Herzen geworden
Ohne Wunsch, ohne Streben.
Alles ist freundlos und fad
Sinnvoll und völlig egal.
Schon lange winkt er mir zu
An der weißen Decke der Haken.
Ich weiß nur noch nicht, was ist besser
Was für ein Tod?
Die Schlinge in einem Strick
Oder bleierner Schrot?

Düsseldorf 1945

Hershl Vaynroykh

Das Gebet im Zug

Morgendämmerung. In der aufgehenden Sonne glitzern Tautropfen wie Brillanten im grünen Gras. Der Kuss der goldenen Sonnenstrahlen wischt den Tau fort und trocknet ihn wie Kindertränen. Juden eilen zur Bahn. Von Feldafing nach München. Eine Stunde Fahrzeit. Jeder Lagerjude hat in München etwas zu erledigen. Der muss zum Zentralkomitee, jener zum Rabbinat, und wieder ein anderer zum Eretz-Israel-Büro oder zum HIAS. In unserem Waggon: Ein Häufchen Juden und ein paar Dutzend Deutsche. Jeder Jude hängt ernsten Gedanken nach. Jeder Deutsche spricht vom Essen. Der elektrische Zug gleitet wie auf Kufen; schon ist man am Starnberger See. Das Wasser ist ruhig, glatt und glänzend wie ein Spiegel. Auf der anderen Seite die mächtigen grünen Berge mit den Türmen des weißen Schlosses; sie spiegeln sich flimmernd im See. Alles strebt in gotischen Zacken und Spitzen zum Himmel: Die Berge, das Schloss, die Bäume am Ufer und sogar das Schiff, das sich durch den stillen Wasserspiegel bewegt.

Juden und Deutsche schauen durchs Fenster auf das Zauberbild. Und dann, als man Starnberg durchquert hatte und die Blicke sich von den Fenstern lösten, nahm ein anderer Zauber alle gefangen.

Ein junger Mann um die Dreißig, mit einem schönen, runden, frisch rasierten Gesicht, großen blauen Augen und blonden, kurz geschnittenen Haaren, elegant, modern und europäisch gekleidet. Er schlüpfte mit dem linken Arm aus der Jacke und rollte den Hemdsärmel hinauf, holte aus einem gelben Lederetui ein Gebetbuch und Gebetsriemen und stand auf, um zu beten. Aufrecht und ruhig stand er da, und nur seine Lippen bewegten sich. Sein ovales Gesicht leuchtete vor Freude und innerer Hingabe, seine blauen Augen schauten voller Liebe in sein Gebetbuch, und der ganze Waggon mit den Juden und den Deutschen starrte den betenden jungen Mann an. Die Juden vergaßen ihre düsteren Gedanken. Die Deutschen redeten nicht mehr vom Essen. Stumm und erschüttert sah man zu. Still war es im Waggon, ganz still. Im Herzen jedes Juden geriet ein versteckter Punkt in Schwingung, ein Funke flackerte auf, in Gedanken formte sich ein Gebet. Die Deutschen saßen da und waren verstummt.

In einem Zug sprach ein Jude ein Gebet. Und keiner sah mehr die schöne Landschaft, die am offenen Fenster vorbeizog. Es war später Frühling, fast schon Sommer. Die braunen Bäume blendeten die Augen mit weißen Blüten. Der violette Flieder machte mit seinem Honigduft die Lungen betrunken. Gelbrote Blumen flehten mit samtschwarzen Äuglein um Vergebung. Hohes grünes Gras wiegte sich spielend im Wind. Goldene Vögel tirilierten und sangen Gott ein Lied. Die mächtige Sonne ließ die göttliche Schönheit in silbernen und goldenen Strahlen leuchten, so dass sie sich im Gesicht des jüdischen jungen

Mannes spiegelte. Der weiße Gebetsschal mit den schwarzen Streifen kleidete seinen schlanken Körper wie ein heller Tag, eine heilige weiße Wüste, die die sündige Welt wie Trugbilder an ihre Ränder verbannte. Auf seiner Stirn leuchteten die Gebetsriemen im Licht der Sonne, und auf seiner Hand glänzten sie wie heiliges Feuer. Ein Berg erhob sich aus der Wüste, donnernd und rauschend von aufglühendem Feuer.

Der junge Mann hatte sein Gebet beendet. Er küsste das Gebetsbuch und legte Gebetsschal und Gebetsriemen ab. Steckte alles zurück in sein gelbes Lederetui. Der Zug fuhr im Münchner Hauptbahnhof ein. Der europäisch elegant gekleidete junge Mann verließ als erster den Waggon. Ein Häufchen Juden und ein paar Dutzend Deutsche schauten ihm verwundert nach.

Malke Kelerikh

Wieso zwingt man uns?

Und wenn ich darüber nachdenke, welches Lager am schlimmsten für mich war, welches Erlebnis am schrecklichsten, dann kann ich mich nicht entscheiden. Aber wenn ich mein Überleben in den Lagern mit meinem Leben hier vergleiche, empfinde ich das jetzige oft als viel schlimmer.

Kein Paradox und kein übersteigertes Gefühl. Dort in den Lagern, mit ihrem tierischen, hündischen Leben, mit dem ständigen Gedanken, jederzeit für den Tod bereit sein zu müssen, dort wunderten wir uns über nichts. Nur das Jetzt, nur der Augenblick zählte und sonst gar nichts. So lebten alle Tiere, und so lebten auch wir, denn unser Leben war noch schlechter als das von Tieren. Nur etwas war noch menschlich in uns: Die Hoffnung, dass es irgendwo, dort, wie im Traum noch eine Welt gäbe... Wenn die Welt nur wüsste...! Wenn die Welt nur könnte...!

Und wenn wir überleben und diese erträumte Welt erreichen sollten, dann... Was würde dann wohl mit uns geschehen? Und das war das einzige, das uns noch am Leben erhalten, ans Leben geschmiedet, ans Menschsein erinnert hat. Jetzt, wo wir in die Wirklichkeit, in die Welt zurückgekehrt sind, empfinden wir das völlig anders.

Ja, natürlich, nur sehr wenige hatten das große Glück, alles zu überleben und in die Welt zurückzukehren. Aber viele der Überlebenden beneiden die Toten. Sie wurden geschunden, aber sie starben mit einer schönen Illusion: Wenn, dann...

Wir haben das Dann erlebt, die Welt gesehen – und was für eine schreckliche Enttäuschung! Keine Welt, nur eine brutale Leere. Keine Menschen, sondern nur gleichgültige, gefühllose Figuren. Kein Leben, sondern immer noch dieselbe Einteilung in Mensch und Untermensch.

Manche wohnen in eigenen Häusern, mit schönen Möbeln, unter vertrauten Bedingungen, mit Mann und Kind, Freunden und Bekannten. In der vertrauten Umgebung langjähriger, alltäglicher Ordnung, mit einem echten Heute und Morgen, mit dem Stolz eines Volks, das Boden unter den Füßen spürt und den Mut, Forderungen zu stellen, nicht verloren hat.

Und die anderen? Gebrochene, todtraurige Menschen, ohne Boden unter den Füßen, genau wie damals im Lager ständig nie gesühnten Schikanen ausgesetzt. In ständiger Angst vor dem nächsten Tag. Nur etwas ist anders: Damals im Lager waren wir von der Welt abgeschirmt. Wir sahen sie, die Welt, wie einen Traum. Jetzt sehen wir sie, wie sie ist. Es gibt wirklich eine Welt, Völker, die eine Zukunft haben, Millionen Kinder, die am Leben sind, während unsere schon unter der Erde verrotten. Und man sagt uns: „Steht auf und seht, hier ist es, das Leben, nach dem ihr euch so gesehnt habt, es existiert wirklich, aber nicht für euch!" Die Enttäuschung ist schrecklich, aber noch viel schrecklicher, viel schlimmer als das Leben in den Hitlerlagern ist es, dass man uns zwingt hier zu bleiben und all dies anzusehen.

Anzusehen, dass sie, die uns ausgeplündert haben, in unseren Wohnungen leben, unsere Mäntel tragen, von unserem Geschirr essen. Ihre gesunden fröhlichen Kinder spielen mit dem Spielzeug unserer ermordeten Kinder. Eine so bittere Wahrheit haben wir uns in den Lagern nicht vorgestellt; keiner hat uns die andere Seite des Lebens gezeigt. Sicher, wir haben geträumt, aber ein Traum bleibt doch immer nur ein Traum. Und jetzt? Wo soll man die Kraft hernehmen, den Mördern zu begegnen, wenn die Seele so von Hass vergiftet ist? Woher nimmt man die Kraft zu hassen? Und vor allem: Kinder zu hassen? Wo das Herz doch so weint, warum zwingt man uns dazu, hassen zu müssen? Kinder zu hassen? Und wenn wir es nicht können? Wenn wir kein rächendes, richtendes Volk sind?

Und jetzt fahre ich in einem Zug, und mir gegenüber sitzt sie, die glückliche deutsche Mutter, mit ihrem Kind im Arm. Ein schönes, strahlendes Gesichtchen. Zwei große verträumte Augen schauen mich an, voll Vertrauen und kindlichem Interesse. Meine Handtasche gefällt ihm besonders gut. Es kann seine großen Augen nicht davon lösen. Und plötzlich rutscht es vom Schoß der Mutter herab und nähert sich mir mit einem breiten Lächeln. Es fasst nach meiner Tasche. Seine nackten Beinchen berühren die meinen, und mir schaudert. Ich möchte wegrücken und kann es nicht, mein Gesicht verkrampft sich, mein Lächeln – ich weiß nicht wie – wird zur Grimasse. Aber das Kind kümmert sich nicht darum. Es stellt sich zwischen meine Beine. Stützt sich mit seinen kleinen Ellenbogen auf meine Knie und blickt versonnen auf meine Handtasche. Die Mutter lächelt, aber ich bin ganz verwirrt. Kleine Ellenbogen, warme Händchen, genau wie bei ihr, bei meiner lieben Baschele, meiner kleinen Baschele, wo bist du? Und schon sind meine Gedanken dort, weit weg.

Wir waren siebzehn. Siebzehn Menschen, alles Übriggebliebene. Intellektuelle, Lehrer, Ärzte. Sind zufällig aufeinandergestoßen und zusammen geblieben. Die sechsjährige Baschele machte unser Leiden erträglicher. Es war, als ob jeder einzelne durch sie wieder einen Sinn im Leben fände. Für Baschele etwas aufzutreiben, Baschele schlafen zu legen. Schließlich machten wir sogar den Versuch, ihr Fremdsprachen beizubringen, jeden Tag eine andere Sprache, und es passierte nie, dass sie etwas verwechselte oder ein Wort vergaß.

Wir staunten. So etwas hatte noch keiner von uns jemals erlebt. Eine Art Naturbegabung. Wir strengten all unsere Kräfte an, um sie am Leben zu erhalten. Und sie schaute uns mit ihren großen verträumten Augen an, voller Ernst und Staunen. Und wenn sie einmal lächelte, kam es einem vor, als ob die Welt wieder in Ordnung wäre, als ob alles wieder da wäre, Menschen, Hoffnung, Leben.

So war Baschele. Und ihre Mutter sah ein, dass Baschele ihr jetzt nicht allein gehören konnte. Sie akzeptierte unsere Beteiligung stumm. Und die kleine sechsjährige Baschele wurde, genau wie alle unsere Kinder, plötzlich erwachsen. Niemals stellte sie Fragen. Wieso darf man nicht reden, lachen, aus dem Haus gehen, warum muss man den ganzen Tag hungern, in den Kleidern schlafen? Wenn jemand etwas zu ihr sagte, schlug sie ihre großen verträumten Augen nieder, rückte näher zu ihrer Mutter und kuschelte sich an sie.

Und dann dieser Tag, diese Nacht, diese Ewigkeit.

Eine Aktion im Lager. Wir lagen unten im Keller, in einem Loch versteckt. Alle siebzehn zusammen. Der Keller war nicht tief, und wir hörten alles wie aus nächster Nähe. Wildes Geschrei, Weinen, knallende Peitschen, sausende Kugeln, zerberstende Scheiben, Kinderstimmen, und über allem Schritte, schwere, dumpfe Schritte von Stiefeln. Immer weiter... immer näher... über unseren Köpfen, wir sitzen regungslos zusammengekauert da, halb Menschen, halb gejagte Bestien, und Baschele war bei uns, und um sicher zu sein, dass das Kind nicht hustet, keinen Laut von sich gibt, beschließen wir, ihr ein Schlafmittel zu geben. Aber schon bald erkannten wir unseren schrecklichen Irrtum. Das Schlafmittel hatte genau die entgegengesetzte Wirkung. Das Kind wurde unruhig. Es begann, sich hin und her zu wälzen, zu stöhnen. Die Mutter hielt es fest und versuchte, es leise zu beruhigen, aber das Kind war nicht bei Bewusstsein und stöhnte und jammerte immer lauter. Wir saßen da und hielten den Atem an. Wir fühlten: Das ist unser Ende.

Die Aktion draußen kam immer näher, die grausamen Schritte waren schon über unseren Köpfen, und das Kind wurde immer unruhiger. Bis plötzlich jemand etwas sagte. Wer? Wir wollten es nicht sehen. Was? Wir wollten es nicht hören, aber die Worte schwebten in der Luft: „Man muss das Kind ersticken, es wird sechzehn Menschen umbringen." Hatte das wirklich jemand gesagt? Keiner wusste es. Es musste still werden und es wurde still. In einem Loch unter einem Keller waren sechzehn Menschen und... Baschele, ein kleines sechsjähriges Wunderkind.

Die Stiefelschritte kamen immer näher. Waren schon über unseren Köpfen. Die Rufe, die Schüsse wurden immer lauter, und plötzlich warf sich das Kind herum und begann schrecklich zu schreien. Aber der Schrei wurde unterbrochen, bevor er herauskam. Jemand warf sich auf das Kind, aber wir sahen nichts, hörten nichts. Wenn es nur still war. Mit hervorquellenden, irren Augen saß sie da, die jüdische Mutter, Bascheles Mutter, und auf ihrem Schoß wand sich das erwürgte Kind in letzten Zuckungen. Sie rührte sich nicht, kein Schrei, keine Träne. Nur ihre seltsam wilden Augen starrten in die Ferne und sahen nichts mehr.

Aber es war endlich still, ganz still. Auch Baschele lag still, reglos, auf dem Schoß ihrer Mutter. Nur die zwei kleinen Händchen krallten sich tief in den Leib der Mutter, als wollten sie die letzte Verbindung zur Mutter noch ein bisschen verlängern.

Dauerte das nur eine Nacht oder eine Ewigkeit?

Die Schritte entfernten sich, das Geschrei verstummte und... Sechzehn Menschen hatten ihr Leben losgekauft, und Baschele war der Preis dafür gewesen.

* * *

Das deutsche Kind klettert jetzt ganz auf meinen Schoss. Und plötzlich, genau wie Baschele, beginnt es zu lächeln und hebt das Köpfchen, ich sehe ein weißes Hälschen, sehe Formen und Fältchen, genau wie bei Baschele, und plötzlich werden meine Augen verrückt. Ersticken! Für Baschele, für unsere Kinder! Meine Hand streckt sich von selber aus. Und... Plötzlich bremst der Zug. Das Kind verliert das Gleichgewicht und erschrocken halte ich es mit beiden Händen fest. Mit den gleichen Händen, die es ersticken wollten, halte ich es fest, damit es bloß nicht hinfällt, sich bloß nicht weh tut. Meine Hand lässt sich verführen und drückt das Kind an mein klagendes weinendes Herz. Was wollte ich nur tun? Und konnte es nicht.

Der Zug hält an einem Bahnhof, ich stelle das Kind vorsichtig auf die Füße, nähere mich ihm mit den Lippen, ich greife nach meiner kleinen Tasche und renne hinaus.

Ein kleiner, fremder Bahnhof. Dunkel. Ein schwacher Regen durchnässt mich. Der Zug fährt wieder an. Ich lehne mich an einen Pfosten. Die Gedanken funktionieren überhaupt nicht, was ist denn nur geschehen? Habe ich etwa nur geträumt? Es tut so unendlich gut, im Dunkeln zu stehen, allein, ohne Menschen.

Ein Deutscher kommt auf mich zu. „Ach ja, ich bin aus Versehen ausgestiegen, aber nicht so schlimm, in einer halben Stunde kommt der nächste Zug. Bis dahin werde ich in den Wartesaal gehen, es ist ja so dunkel und kalt."

Hahaha! Dunkel und kalt, aber ich stehe doch nicht nackt da, nicht mit erhobenen Händen, ich muss doch nicht pausenlos „Heil Hitler" schreien. „Weißt du, was es bedeutet, nackt und mit erhobenen Händen da zu stehen?" Habe ich das herausgeschrieen? Anscheinend nicht.

Der Deutsche geht wortlos weiter. Und um mich herum ist es so angenehm dunkel, und ich bin nicht nackt. Meine Hände ruhen an dem Pfosten. Aber die Gedanken!

Ja, was ist mit Bascheles Mutter? Ja, ein paar Tage später gab es wieder eine Aktion, da sahen wir sie. Sie versteckte sich nicht mehr, und neben ihr ging „er", genau der, der sechzehn Menschen rettete und mit Baschele bezahlte.

Der Regen fällt und fällt. Was für eine Nacht! Das war doch immer ein Glück für alle, die sich versteckt hatten, für alle, die nach einem Bissen Kartoffel suchten.

Und ich stehe jetzt da in meinen Kleidern, bin nicht nackt, meine Hände brennen nicht vor Kälte und vergossenem Blut. Und mein Herz ist leer und dunkel wie die Nacht und klagt das ewige „Warum?"

Warum zwingt man uns, unseren Mördern zu begegnen? Warum zwingt man uns, Mörder sein zu wollen, wo wir es doch nicht sein können?

Binyomin Elis

Nicht bei sich

Chawe Schafir leidet unter Albträumen. In einem davon wird sie in einen großen Hof an der Gęsia-Straße in Warschau geführt, einen Hof mit Geschäften. Und so groß der Hof auch ist – er ist von Menschen überfüllt. Vor allen Geschäften drängen sich verängstigte Leute, und aus allen Geschäften werden Stoffballen in die Keller getragen. Man versteckt die Waren aus Angst vor den Deutschen. Und sie irrt zwischen den Menschen umher und kann nicht zu ihrem eigenen Kurzwarenladen finden.

Und während sie herumirrt, bricht plötzlich Panik aus. Plötzlich fangen alle an zu rennen, Menschen fallen hin, werden unter einstürzenden Mauern begraben, und man flieht. Mauern und Dächer fallen zusammen, zertrümmern Köpfe und erdrücken zahllose Körper. Die stillen Mauern sind zum Todesengel geworden, wollen alles unter ihren Ruinen begraben. Und statt des Tores, durch das man entfliehen will, lodert wie eine Mauer knisterndes Feuer.

Aus dem Kampf mit diesem Feuer erwachte Chawe Schafir schreiend, nach Atem ringend und mit schwerem Kopf, so als schwelte es neben ihrem Bett immer noch weiter.

„Dintschele! Dintschele!", rief sie in Panik nach ihrer Tochter. „Schläft du? Bist du da?"

Im Zimmer war es immer noch stockfinster, und die Dunkelheit erschien Chawe Schafir drückend und fremd, wie aus einer anderen Welt. Ihr Verstand war von Schreck und Verwirrung verdüstert. Das war nicht ihre Wohnung, das war klar, sie war an einem anderen, einem fremden Ort.

„Dintschele! Dintschele!", rief sie noch einmal.

Aber statt Dintscheles Stimme hörte sie durch die Wand nur das Quietschen eines Betts. Und dann ein Flüstern, als ob auch auf der anderen Seite der Wand jemand aus schweren Träumen erwachte.

„Ohne Ruhe ist das Leben die Hölle", drang eine krächzende Stimme durch die Wand, und man konnte hören, wie ein Körper sich unruhig herumwarf.

Die Bewegung und die krächzende Stimme gingen noch lange weiter. Aber auch als es endlich still wurde, das Herumwerfen verstummte, lag Chawe Schafir immer noch ruhelos wach. Sie kannte das schon, dieses „ohne Ruhe ist das Leben die Hölle". Das war die ständige Klage ihrer Vermieterin Weigel, derselben Weigel, die ihre kranke Tochter Dintsche nicht leiden konnte. Seit Dintsche aus dem Sanatorium entlassen worden war und hier wohnte, war die Weigel fuchsteufelswild. Wie Höllenfeuer brannte es in ihren Augen, wenn sie Dintsche mit einem Topf in der Küche sah, wenn sie dort ihr Husten hörte, oder wenn ihre Freundinnen an der Tür klingelten und zu Besuch kamen.

Die Vermieterin mochte es nicht, wenn Frau Schafir und ihre Tochter Gäste hatten. Überhaupt war es ihr zuwider, dass sich fremde Menschen in ihrem Haus bewegten und dort Unruhe verbreiteten. Besonders wütend glühten ihre Augen, wenn Chajim Binstock kam oder ging, ein kleines, nervöses Menschlein mit stoppligen Wangen, ein ehemaliger Angestellter der Schafir – der einzige Zeuge von Schafirs früherem Reichtum, ihrer bedeutenden Stellung als Geschäftsfrau in der Gęsia-Straße. Wenn er vorbei kam, verschlug es der Weigel den Atem. Er verbreitete nicht nur Unruhe, so schien es ihr, er ging auch viel zu oft ein und aus. ,Er wird noch um die Hand der Schafir anhalten', dachte die Deutsche und befürchtete schon, dass sie ihn eines schönen Abends als dritten Mieter im Haus haben würde.

Sie wehrte sich gegen ihn, als ob er geheime Pläne gegen sie aushecke. Um seine Pläne zu durchkreuzen, verbot sie Frau Schafir, nach halb zehn Uhr abends noch Gäste zu empfangen. Um halb zehn, manchmal noch früher, musste Chawe Schafir nicht nur ihre Tochter und deren Freundinnen, sondern auch den nervösen Chajim Binstock auffordern, still zu sein. Die Ruhezeit musste auf die Minute genau eingehalten werden, so exakt, wie die Standuhr im Schlafzimmer der Weigel tickte. So trichterte sie es Chawe Schafir jeden Abend ein, immer mit denselben Worten, als würde sie an deren Gedächtnis zweifeln, oder als wäre das ständige Wiederholen der Wörter ihr traditionelles Nachtgebet.

„Ohne Ruhe ist das Leben die Hölle."

Sie sagte es nicht nur mit dem Mund. Auf den Schmuckgardinen an den Schränken, auf den Handtüchern, auf den gestickten Wandschonern in der Küche waren lauter Sinnsprüche zu lesen: Bibelverse über Ruhe, und Sätze aus dem neuen Testament – und der Schafir kam es vor, als würde die Weigel diese Sprüche bewachen, so wie all die anderen Sachen in dem Haus, das man ihr vererbt hatte. So wie sie über ihren ererbten Schlaf wachte. Vielleicht hatte sie auch einen verdeckten Judenhass geerbt? Wer weiß? Wer weiß, was für Schlangen aus diesem Haus in die Ghettos gekrochen waren? Woher sollte man das wissen? Vielleicht hatte jemand aus diesem Haus ihren Mann, ihre Brüder ermordet, hatte dabei geholfen, den Hof zu vernichten, in dem sie in ihrem Traum so gelitten hatte?

,Weiß der Teufel', sagte sie sich in Gedanken, ,hier hatten sie ihre Ruhe und anderswo? Wie hätte es anderswo ausgesehen? Ha?'

Diese Gedanken und ihre Träume vom Gęsia-Hof verursachten ihr einen stechenden Schmerz in der Leber. Bis zum Morgen konnte sie nicht auf der linken Seite liegen. Und das Gesicht, das sie am Morgen im Spiegel sah, kam ihr ganz fremd vor, faltig und gealtert, als hätte nicht bloß der Schmerz, sondern hätten auch die Träume von Ruinen und Feuer den Rest Leben aus ihren Zügen gebrannt. Wie kam sie zu so einem Gesicht? Schaudernd betrachtete sie sich. Hatten es die Ruinen im Traum so verändert?

Verfall, Verfall... Der düstere Gedanke an Verfall überschattete alles um sie herum. Den ganzen frühen Morgen lang versank sie in Finsternis.

„Sie ist nicht bei sich, zum Teufel", hörte sie die Weigel sagen, als sie in die Küche ging, um Tee zu kochen.

Noch eine andere Deutsche war bei der Weigel in der Küche, eine mürrische Person mit krummen Beinen und einem säuerlichen Gesichtsausdruck. Sie stand an der Spüle und scheuerte einen roten Topf. Aus einem zweiten Topf auf dem Tisch dampfte es bis zur Decke, und auf den Gasflammen standen noch einmal zwei große Töpfe. Die deutschen Frauen wollten wohl Wäsche waschen. Die Weigel mit ihren schwarzen Haaren stand schwitzend und nach Atem ringend vor einem offenen Küchenschrank, ihre Körperfülle von einer schwarzen Schürze umfangen.

„Zum Teufel", wiederholte sie, als sie die Schafir erblickte, „ich habe immer noch Kopfschmerzen. Ja, ja, Frau Schafir", fügte sie hinzu und schaute die Schafir an, „das habe ich Ihrem nächtlichen Geschrei zu verdanken."

„Was soll ich machen?", sagte die Schafir und stellte ihren Tee auf die Gasflamme. „Zum Teufel mit dem Ghetto! Zum Teufel mit dem KZ! Alles holt mich jetzt im Traum ein."

„Ja, ja, aber mit dem Gas müssen Sie sparsam sein!", rief die Vermieterin plötzlich. „Gestern haben sie Gas vergeudet, und vor einer Woche dieselbe Geschichte."

Die krummbeinige Deutsche hörte auf, ihren Topf zu scheuern und sagte: „Wir Deutschen können es nicht zulassen, dass die Ausländer... das ganze Gas verschwenden sie!"

„Die Ausländer?" Die Schafir schaute sie gereizt an. „Überlegen Sie mal, wie viel davon ihr Deutschen gebraucht habt, um die Ausländer zu vergasen!"

„Nein, nein!", antwortete die Weigel. „Ach!"

„Wie viele Kinder haben eure Gaskammern verschlungen?"

„Gott, Gott! Sagen Sie doch nicht so etwas, Frau Schafir! Ihre Kinder sind doch alle nach Amerika ausgewandert, das wissen wir genau."

„Nach Amerika?", brach es aus der Schafir heraus. Sie schrie, als ob sie wieder eine Leberkolik hätte.

„Mein Gott, Sie sind ja nicht bei Sinnen! Was schreien Sie so? Wo ich immer noch Kopfschmerzen von ihrem Geschrei heute Nacht habe! Sie sind ja nicht bei sich!"

Die Worte „nicht bei sich" kostete die Weigel mit Nachdruck aus. Ihre Augen leuchteten dabei siegessicher, als würde sie die Wörter bei der Feier eines großen Triumphs herausposaunen.

„Nicht bei sich!", wollte sie die Schafir noch einmal anschreien. „Sie sind nicht bei sich!"

„Wir werden bei uns sein", schrie die Schafir voller Feuer noch lauter.

Yekhezkl Keytlman

Glauben

Der Herbst, der erst seit ein paar Tagen in den Zweigen der Baumkronen lag, verlor über Nacht jede Scham. Und mit einer Handbewegung entblößte er den Garten. Die Bäume, die den ganzen Sommer wie zusammengewachsen dagestanden hatten, ein Baum neben dem anderen, schienen sich plötzlich voneinander weg zu bewegen, und nach dem goldenen Sommer der Blüte und des Reifens legte sich eine gegenseitige Abneigung über den Garten.

Kein Wunder, dass die ganze Masse von Kummer und Verbitterung, von Heimatlosigkeit und Trauer, die sich in mir angesammelt hatte, nun ans Tageslicht trat und mich mehr plagte als sonst.

Am frühen Morgen verließ ich mein Zimmer und ging im Garten spazieren. Der Vormittag war neblig. Die Feuchtigkeit umarmte mich faulig und lähmte mich auf Schritt und Tritt.

Und ich flehte: Dieser trübe Nebel, der sich Tag nennt, soll endlich zu Ende sein, und die Nacht soll kommen und mich wieder zu meinen „Freunden" zurückbringen, zu den Deutschen, bei denen ich wohne.

Aber jetzt ist erst einmal Vormittag, an einem freien Tag, der mich an die Feiertagsstimmung bei uns zu Hause erinnert. Ich sehe meinen Vater vor mir, wie er betend am Tisch sitzt und den Wochenabschnitt rezitiert.

Ich höre seinen Gesang, er schraubt sich in mir in die Höhe, höher und höher, wie eine Wendeltreppe. Ich höre den Triller, den er so süß und ohne abzusetzen singen konnte.

Ich setzte mich auf eine Bank, hüllte mich in meinen dünnen Mantel und gab mich dem Wind und meinen Gedanken hin, die nicht aufhörten, mich zu plagen.

Kurz nach der Befreiung war ich in diese Stadt gekommen. Außer ein paar Häusern rund um den Bahnhof war die alte deutsche Stadt heil geblieben. Die Villen in den ruhigen Straßen stehen heute noch so in ihren weitläufigen Gärten, wie sie es vor dem Krieg taten. Die Menschen, die in ihnen wohnen, führen weiterhin ihr geruhsames bürgerliches Leben. Schlafen weiterhin in weißer Bettwäsche. Essen am Mittag pünktlich. Und wenn sie am Sonntagmorgen die Kirchenglocken läuten hören, eilen sie korrekt herausgeputzt zum Gebet und danken ihrem Gott für die Ruhe, die er ihnen geschenkt, für die Häuser und die Kinder, die er ihnen beschert hat.

Und dann kann ich es selber nicht glauben, dass sie alle, die Alten und die Jungen, alle die mir auf der Straße mit diesem leutseligen, gütigen Lächeln begegnen und mich unterwürfig begrüßen, diese höflichen Menschen – dass sie es waren, die unsere Mütter vergast und unsere Väter erstochen haben.

Und hier ist es heute wieder so still und wieder so gut und so fromm und wieder so vornehm, höflich und oberflächlich.

Erst gestern Abend war der Garten voller „fröhlicher" deutscher Mädchen, jung und schön. Musik spielte im Garten auf und die Mädchen mit ihren Puppengesichtern und den verträumten blauen Augen jagten im Rudel hinter den Soldaten her. Sie vermuteten in den Taschen der Soldaten ein Stückchen Schokolade – und deshalb plinkerten sie ihnen mit ihren geschminkten Augen zu, spitzten die Lippen und hoben die niedlichen Füßchen, waren zum Tanz bereit und bereit für ein Stückchen Schokolade, für eine Zigarette mit dem Feind von Gestern, mit dem Sieger in die Büsche zu gehen und sich zu paaren wie läufige Hündinnen, ihren Körper zu verkaufen.

Und mich schüttelte der Ekel vor diesen „Kanarienvögelchen" mit ihrem verklebten Gefieder, vor diesen Körpern, die wie Porzellan durch ihre dünnen Kleidchen schimmerten. Denn es kann ja sein, dass gerade die eine, die da, die mir gestern hinterher gelaufen ist, auf ihrem käuflichen Körper das Hemd meiner ermordeten Schwester trägt. Jenes weiße Hemd, das meine Mutter zwanzig Jahre lang jungfräulich in ihrem Schrank aufbewahrte und immer wieder voller Liebe an sich drückte. Mit ihren alten müden Fingern hatte sie es mit Seidenblumen bestickt. Das Hemd für die Aussteuer, das Hemd, in dem meine Schwester ihr erstes Liebesglück erleben sollte.

Und mit einer eigenartigen Klarheit und Freude, mit einer rachsüchtigen Freude, wurde mir in diesem Moment klar, dass die Gemütlichkeit in ihren Stuben mit Blut befleckt war, und dass ihre Töchter sich für ein paar Zigaretten verkauften. Ich wäre wohl noch lange so dagesessen und hätte mich an diesem Gedanken erfreut, mich an meinen Rachegedanken gewärmt, wenn sich nicht plötzlich jemand im Garten genähert hätte.

„Chaskel?"

„Rejsl?"

Ja, sie war es. Meine Nachbarin aus meiner Heimatstadt. Ich schaute sie an und erkannte sie. Obwohl ihr Gesicht gealtert und von Furchen durchpflügt war. Aber die frühere Schönheit war deshalb nicht verschwunden, nicht der Glanz ihrer Augen, nicht das alte, vertraute Lächeln. Ihr unschuldiger Blick und ihre Schüchternheit erfüllten mich wieder mit rätselhafter Seligkeit, berührten mich wieder so zärtlich wie damals, als wir ineinander verliebt und zu schüchtern waren, um es dem anderen zu gestehen.

All die Jahre von Lager und Pein, von Erniedrigung und Tod hatten das nicht aus ihren Augen waschen, von ihren Lippen brennen können. Sie war dieselbe geblieben. Die dunklen Ringe unter ihren Augen, die Falten um ihren Mund und die tätowierte Nummer auf ihrem Arm waren die einzigen Spuren, die die Jahre der Pein hinterlassen hatten.

Wir waren selig, hielten uns voller Freude bei den Händen und weinten vor Glück, als sie mir erzählte, wie sie sich mit Zähnen und Klauen gewehrt hatte, wie sie gebissen hatte, als sie versuchten, ihr an den Leib zu gehen...

„Ja, sie haben mir das Hemd vom Leib gerissen, aber ich habe meinen Körper mit meinen blutenden Händen bedeckt, sie haben an mir herumgezerrt, bis ich das Bewusstsein verlor. Aber meine Arme haben sich von selber wie Schraubstöcke an mich gepresst, und mit keiner Gewalt ist es ihnen gelungen, sie zu lösen. Wochenlang haben sie mich in Einzelhaft gefoltert, mit Kälte und Hunger, haben meinen Körper geschunden, aber sie haben mich nicht besiegt." Herr im Himmel! Wie kann ich meine Freude beschreiben, als ich sie das sagen hörte, wie groß und glücklich haben wir uns gefühlt, wie sauber und erhaben gegenüber den drei deutschen Mädchen, die in ihren kurzen Röckchen im Garten erschienen und wie läufige Hündinnen nach Männern schnappten. Die Wege, durch die wir gingen, wurden breiter. Der Himmel klärte sich auf und spannte sich weit über unseren Köpfen. Und mit der morgendlichen Helligkeit erwuchs in mir ein reiner, ehrlicher Glaube.

Der Glaube, dass Rejsls Unschuld für die Henker, für ihre Blicke und ihre gierigen Gelüste verschlossen geblieben war. Und plötzlich, wie vor Jahren, wie damals, als wir weit hinter unserem Städtchen Arm in Arm verliebt spazieren gegangen waren, begann ich auch jetzt wieder die Verse aus dem Hohelied zu singen:

Schön bist du, meine Freundin, ja, du bist schön.

Meir Halpern

In diesem Land

In diesem Land sind die Schritte nicht so
Wie auf graden Wegen.
Hier sind die Blicke nur schief. Sie fallen wie Speere.
Unerwartet scharf.

In diesem Land sind alle Menschen nur Bilder.
Ihre Gesichter wie auf Leinwand gespiegelt.
Und hier... Wie Echos und Schatten des Lebens
Rollen die Tage vorbei, zusammengeklaubt.

Ein Spiel –
Wie grimassierende Schauspieler, wie hinter Masken
Sitzen Frauen, in Gedanken verloren.
Sie suchen die in finsteren Plagen
Spurlos vergangene Jugend.

In sein Leid eingespannt sitzt nachdenklich einer
Und sucht nach der Wahrheit.
All seine Sinne in Spinnweb verankert.
Der Körper von Träumen zerfressen bis zum Kern jeder Freude.

Und im Hintergrund wechselt die Szene
Schneller und schneller:
Ein Zylinder ohne Kopf, leer und hohl
Öffnet plötzlich den Mund
Und aus ihm heraus
Fällt rot eine Zunge mit weißem Gelächter.

Die Sonne wirft eiserne Reifen über die Stümpfe der Zähne.
Sie knirschen.
Spürt wohl die Zeit jeden einzeln,
wenn sie Minuten des Schmerzes begleitet?

Die Kapelle, sie schreit wie ein Tier in der Nacht.
Ein Heulen in tödlicher Angst.
Der Schrecken, ein Halstuch, das den Atem abwürgt.
Und die Sorge vergiftet bis zum letzten.

Vom Wahnsinn hör ich das Lied.
Die letzten Stufen zerbersten.
Wie ein Gespenst entspringt vor meinen Augen ein Rad.
Bodenlos.
Und der Mensch, wie ein Teufel, würgt und würgt.

Ich fürchte mich vor jedem Schritt.
Ich fürchte mich vor jedem Schritt.
Sing mir ein Lied…

Shloyme Berlinski

Auf deutscher Erde

Ich stehe an einem kleinen bayerischen Bahnhof im Osten Münchens, mitten in einem Eisenbahnknotenpunkt mit verschiedenen Stationen, die fünf Minuten Fahrt auseinander liegen. Jeden Tag fahren hier siebenundzwanzig elektrische Züge durch. Alle vierzig bis fünfzig Minuten strömen einige Dutzend Passagiere in den Bahnhof und versickern sofort wieder. Wieder liegen die Gleise so gepflegt und still da, dass Vögel ungestört auf ihnen herumhüpfen. Bis die nächsten Reisenden ankommen. Und alles passiert pünktlich auf die Minute, auf die Sekunde. Die Passagiere, die Deutschen, wissen auf den Moment genau, wie lang der Weg von zu Hause zum Bahnhof dauert, wie lang man braucht, um einen Fahrschein zu lösen, und in dem Moment, wo du auf die Uhr schaust, ist der Zug auch schon da.

Heute erschreckt mich diese deutsche Pünktlichkeit; sie lässt mich immer wieder von neuem erschauern. Wir Juden waren dieser grausamen Genauigkeit mit unserem Leben und unserem Tod unterworfen. Jeder Zug, der auf die Sekunde genau einfährt, löst Angst in mir aus.

Es ist ein schöner Novembertag. Die Sonne zerfließt im nebligen Himmel und sieht aus wie ein schimmernder Teller aus Metall. Sie kommt aber nicht unter dieser Decke hervor, wärmt nicht, schickt keine ihrer Strahlen, die sonst hell und blendend alles durchfluten. Bleich ist sie und lau. Und doch ist sie so angenehm, die Novembersonne, wenn sie mit letzten Kräften durch den Nebel, durch dichte Wolken zu dir durchdringt, und Dankbarkeit dich erfüllt.

Auf dem offenen Bahnsteig unter dem Glasdach ist alles erleuchtet.

Der glatte Steinboden liegt da wie ein matter Spiegel, und jede deiner Bewegungen wird auf ihm sichtbar. Das Glasdach zwinkert in die Sonne und beginnt zu leuchten. Und es sieht aus, als unterstütze das Dach die Sonne, als helfe sie ihr dabei, mit ihren schwachen Kräften die Umgebung zu erhellen.

Jede Person, die man hier sieht, tritt so ungetrübt vor deine Augen, so klar, dass du meinst, ihn ganz erkennen zu können.

Ich stehe da und betrachte das Kommen und Gehen der Passagiere am Gleis, die fast alle Deutsche sind.

Irgendetwas gehen sie mich doch an, die Deutschen, ich habe doch noch eine Rechnung mit ihnen offen: Eine Familienrechnung – ich bin der einzige, der aus all den vielen Städtchen mit ihren Familien übrig geblieben ist; überdies eine Volksrechnung – sie haben mein Volk ermordet, aus dem ich all meine Energien gezogen habe. Und ich will es wirklich wissen: Ich will der Sache auf den Grund gehen. Was geht bei den Deutschen vor (nicht auf ihren Wahlplakaten)? Irgendwie sind sie doch schrecklich ruhig. Keine Unruhe, keine Gemütsregung. Sie verziehen keine Miene. Als ob überhaupt nichts geschehen wäre.

Ein Volk, auf dem die Sünde eines solchen Mordes lastet, die Millionen neuer Typen für das Verbrecheralbum dieser Welt geliefert hat – dass es sich so ruhig fühlen kann! Keine Strähne liegt auf der falschen Seite des Scheitels – alle sind sie gleich gekämmt. Und die Zeit läuft bei ihnen weiter wie gewohnt: Die Uhren laufen auf die Sekunde genau, die Züge treffen auf die Minute ein, sie essen zu festen Zeiten und schlafen pünktlich. Ist ihre heutige Ruhe nicht ein klarer Beweis für ihr Morden von gestern?

Wieso hat noch kein einziger deutscher Lokführer, der Waggons voller Menschen in die Vernichtungslager gebracht hat, wieso hat kein einziger von ihnen das Bild vor Augen, wie man die Opfer, die er in den Krematorien angeliefert hat, in die Öfen wirft? Bei dem Gedanken müsste sich ihm der Kopf drehen, der Zug, den er jetzt fährt, müsste er auf das falsches Gleis lenken, und eine Katastrophe müsste geschehen. Wieso sieht man nachts, wenn auch der schrecklichste Mörder einmal über seine Taten nachdenkt, wieso sieht man in so einer Nacht nicht einen Deutschen herumrennen und schreien: „Hilfe, ich habe Kinder verbrannt!"?

Wieso habe ich in den Städten Deutschlands noch keinen von ihnen wie einen Irren herumrennen sehen und ihn schreien hören: „Ich habe gemordet!"?

Und vor meinem inneren Auge erscheint der Mann aus unserem Schtetl, der eine Lagerhalle mit Leder in Brand gesetzt hat, um die Versicherung zu kassieren. Die Flammen griffen auf die angrenzenden Häuser über. Für den Rest seines Lebens rannte er wie ein Irrer herum und hämmerte nachts an jüdische Fensterläden: „Hilfe, es brennt, jüdische Kinder, zu Hilfe!"

In wenigen Minuten fährt der Zug ein.

An verschiedenen Punkten des kleinen Bahnhofs warten Passagiere.

Nur zwei Juden sind unter ihnen, ich und ein grauhaariger Jude mit Bart.

Jeder von uns steht in einer anderen Ecke. Und um uns herum – Deutsche, Deutsche. Alle gut gepflegt: anständig, frisch gekämmt und gewaschen. Ihre Schuhe glänzen, obwohl es keine Schuhcreme gibt (vermutlich stellt jeder von ihnen irgendeinen Ersatz her).

Die meisten Männer tragen dunkelgraue Gehröcke, die Krägen mit Blättern bestickt, grüne Tiroler Jägerhüte mit Pfauenfedern an der Seite. Aber ihre Gesichter – lange, harte, trockene, wirken auch mit den Pfauenfedern nicht weniger grausam. In der Regel kommen sie alle einzeln, steif, stramm, aufrecht.

Die meisten von ihnen rauchen gelassen kleine Pfeifchen, als würde gar nichts in ihnen vorgehen, als wären sie mit gar nichts beschäftigt. So dass es mir vorkommt, als reichten ihre Gedanken nicht weiter als der Rauch. Und in meiner Phantasie sehe ich die langen jüdischen Pfeifen. Wie hingebungsvoll rauchte man sie doch, wie viele dünne Rauchschwaden breiteten sich aus, zogen sich ganz weit hin, bis in den Himmel.

Keiner, der es nicht weiß, käme auf den Gedanken, dass dieses Volk einen moralischen Zusammenbruch erlitten hat. Dass sie gezwungen waren, nicht mehr an den Menschen zu glauben, an die Kultur, an die Wissenschaft. Mit so einer Seelenruhe, so einer steifen Kälte, dass sie auf mein jüdisches Leid wie

Messer wirken, die man auf eine Beule presst. Wie anders, denke ich, haben die Japaner auf die Niederlage ihrer Regierung reagiert: Eine Welle von Harakiris, die Bäuche schlitzte man sich auf. Aber sprich irgendeinen Deutschen an! Er wird dir sofort sagen, wie viele Knöpfe an seinem Rockärmel angenäht sind. In noch schärferem Licht zeigen sich mir die Schönheiten, die deutschen Frauen. Bei ihnen würde nicht einmal dem Teufel einfallen, sie könnten irgendeine Verbindung mit all dem haben, das im deutschen Volk passiert ist. Sie sind viel zu beschäftigt damit, sich die Haare zu frisieren und unschuldig weiße Söckchen zu stricken.

Sie sind so nett und ordentlich gekleidet, als wären sie einem Modejournal entstiegen. Eine puppenhafte Schönheit umgibt sie. Ihre Haare sind onduliert und die Nägel sind manikürt. Die Meisten von ihnen tragen Männerhosen, mit einer so scharfen Bügelfalte, als gäbe es darunter kein Bein aus Fleisch und Blut. Andere tragen die Strümpfe mit den komplizierten Mustern, die sie immer und überall stricken: beim Zahnarzt, im Kinofoyer. Auch bei ihnen verzieren grüne Blätter, aufgestickt auf ihre Kostüme, die „edlen Gewächse". Und groß und ebenmäßig, frisiert und zugeknöpft gehen sie umher, so dass keiner den geringsten Verdacht hegen kann, dass diese Hausfrau, diese deutsche Frau, die ihrem Mann die Schuhe putzt und ihm wie eine Sklavin dient, dass diese Frau auch seine rechte Hand bei der völkischen Arbeit war, in nichts hinter ihm zurückstand. Sei es in den Vernichtungslagern, sei es bei allen anderen sadistischen Dingen. Sogar auf „wissenschaftlichem Gebiet", bei den Unterkühlungs- und anderen Experimenten war sie mit dem Mann auf Augenhöhe.

Es ist November. Die ersten Wintertage. Und das edle Geschlecht der Deutschen, die Frauen, ist in elegante Pelzmäntel gekleidet: Otter, Robbe, Tiger. Und ruhig gehen sie in den sorgfältig zugeschnittenen Pelzen auf dem Bahnsteig umher, gezähmt, gemessenen Schrittes, wie gut dressierte Tiere, die bald in die Arena müssen.

Mein Blick fällt auf eine junge Frau, die neben mir steht. Sie ist groß, kupferblond, und im Nacken fließen ihre langen frisierten Haare mit dem gestriften Kragen zusammen, den sie trägt, mit gelb-schwarzen Streifen. Und vor meinen Augen springt mich plötzlich eine Tigerin an. Ja, eine Tigerin mit onduliertem Haar. Mit roten scharfen Krallen. Ich sehe, wie sie einen menschlichen Körper zerreißt und sich danach die Haare frisiert; wie sie auf ein Kind schießt und sich danach die Hände mit Toilettenseife wäscht und sich die Fingernägel lackiert. Aber es ist ein eigenartiger Tiger, der in seinem Morden nicht einmal faucht, sondern sich distanziert und spöttisch verhält und nicht wegen eines physischen Hungers tötet, sondern wegen des „geistigen" Vergnügens.

Einen Augenblick später sehe ich noch so eine, eine zweite, eine dritte. Als wären die Menschen aus ihrer Haut gekrochen, aus ihrer Gestalt und hätten sich in ihrem Innersten gezeigt. Ein Zug fährt schnell ein und zerreißt das Bild.

Gräfelfing bei München 1946

Yitskhok Perlov

Acht Zeilen

1

Mein Kind: Der Krieg ist jetzt vorbei
Man sieht's auf einen Blick.
Aus allen Ländern kommen Deutsche
Aus Gefangenschaft zurück.

Sie zapfen Bier schon in der Kneipe.
Sie kochen schon Kaffee.
Im Lager eingesperrt der Jude
Im Exil wie eh und je.

2

Es kommen aus Gefangenschaft
Die Deutschen schon nach Haus.
Durch Schnee und Berge wandern Juden
Heimlich wieder aus.

Stiller, still! Man wird euch hören!
Es ist einsam, grau und kalt.
Wie soll hier ein Kind nicht weinen?
Die Öhrchen frieren halt.

3

Von der Oder bis zum Jordan.
Folge meinem Gang.
Die Deutschen an der Oder singen
Den üblichen Gesang.

Wir schleichen über alle Grenzen.
Bewacht sie noch so sehr!
Ist mehr Salz in Kindertränen
Oder im toten Meer?

4

Ich würde mir das Herz ausreißen
Hülf es eurem Schritt.
So sing ich für die Maapilim
Aus tiefstem Herz ein Lied.

Trost für euch, für die, die gehen!
Kraft sei eurem Gang!
Es warten Schiffe und der Negev
Und Brüder mit Gesang.

5

Schick nicht von weitem meinen Segen
In dieser schweren Zeit.
Mit meiner Frau und meinem Kinde
Gehen wir Seit an Seit.

Statt eines Bündels haben wir
Dies Lied nur eingepackt.
Seine Worte, frech und mutig
Geben uns den Takt.

6

Lauernd wacht der Feind am Ufer.
Lautlos sitzt er da.
Mutig, Juden! Auf ihn lauert
Schon die Hagana.

Hagana! In unsern Ohren
Klingt das wie Musik.
Hagana! Wir kehren endlich
In unser Land zurück.

Yitskhok Perlov

Schejres Haplejte

Im Schoße der Mutter verfaule der Samen
Von dem, der uns schmiedete an diesen Namen.

Geschrieben mit Blut und mit Opfern und Feuer
Mit der Schändung von allem, was heilig und teuer.

Geopfert dem Götzen der höheren Rasse
Dass der Mensch sich auf immer verachte und hasse.

Die Polesischen jüdischen Wald-Partisanen
Verachten jetzt die mit kasachischen Fahnen.

Und beide verachten den Bruder, den Dritten
Der die hitlersche Zeit im Versteck hat durchlitten.

Und der, der dem Tode durch Zufall entrissen
Dem Ghetto, den Öfen, dem Gas und den Schüssen

Verachtet die Untergetauchten jetzt alle
Und spuckt sie nur an, mit Gift und mit Galle.

Wir sitzen in Deutschland hinter goldenen Gittern
Lassen uns pflegen und der Joint darf uns füttern.

Zerrissene Wäsche verteiln sie und sagen:
Nun lebt schön und nehmt euch brav selber am Kragen.

Und spielt schön Theater und schreibt eure Blätter
Und sucht schön die Kapos und sucht die Verräter.

Und fresst euch schön auf, das wird euch erretten
Und sperrt euch in Kerker und legt euch in Ketten.

Wer nie der Versuchung erlag all die Jahre
Ist krätzig bis tief in die eisgrauen Haare.

Und jeder hat einbalsamiert sein Gewissen
Die heiligen Schriften verbrannt und zerrissen.

Gefallen sind wir. Auch Gott ist gefallen.
Wie am Hals eines Bettlers, so hängt an uns allen

Ein Schild. Das ist alles, was uns noch geblieben
Und „Schejres Haplejte" ist darauf geschrieben.

Im Schoße der Mutter verfaule der Samen
Von dem, der uns schmiedete an diesen Namen.

München 1946

UNSCHULDSLÄMMER

Malke Kelerikh

In „Amerika"

Liebe Tsviele,
Ich kann mir vorstellen, wie Du staunen wirst, wenn Du diesen Brief erhältst. Bestimmt bist Du schon ganz unruhig, weil Du wissen willst, wo wir abgeblieben sind. Stell Dir vor – uns ist es so ergangen wie jenem Narren: Zu einer Hochzeit gefahren und bei einer Beerdigung gelandet. Na, rat mal, wo wir sind! In… Amerika!
Was sagst Du dazu? Schließlich sind doch alle Grenzen zu. Man siebt hundertmal aus, bevor man jemanden durchlässt. Aber wir, stell Dir vor, wir sind tatsächlich in Amerika. Du kannst Dir nicht vorstellen, unsere Feinde sollen es erleben, was für ein Amerika das ist. Wüsste ich nicht, dass es Amerika ist, würde ich meinen – ich möchte es nicht aussprechen. Stell Dir dieses Amerika vor! Kein Stückchen Fleisch und kein Streichholz, keine Zigaretten, keine Existenz.
Das heißt: Das alles gibt es. Da sind Geschäfte, wo allerlei „Delikatessen" ausgestellt sind, wie ein Stückchen Wurst, ein paar Graupen, Haferflocken. Aber dafür braucht man Lebensmittelkarten. Ohne rückt man gar nichts heraus. Am Anfang, als ich ankam, hatte ich schon Angst, dass man uns damit auf eine Probe stellen will – wir haben schon alles erlebt. Verschlossene Läden, mit leeren Kisten dekorierte Auslagen. Und in den Straßen – die Autos rasen und die Motorräder knattern vorbei, dass man meinen könnte, wer weiß was für Geschäfte hier gemacht werden.
Wie gesagt, ich erschrak ziemlich, als ich das alles sah. „Ojemine", sagte ich zu meinem Mann, „wir haben nicht einmal genug, um uns aus Versehen dorthin zu verlaufen, wo wir hergekommen sind." Du weißt doch, wenn es schnell gehen soll, springt man auf eine Straßenbahn auf, fährt ein paar Stationen weit und merkt plötzlich, dass man in die falsche Richtung gefahren ist. Aber mein Mann beruhigt mich: „Das ist eine Art Ersatz-Amerika." Na gut, dann eben Ersatz-Amerika, bitteschön, wie sie wollen, aber eins: Ich will nicht hier sein. Ich habe mich schon lange genug an fremden Orten herumgetrieben. Ich will mich auch mal niederlassen und wissen, dass ich dort hingehöre.
Glaub mir, allein schon mit dem Weg hierher haben wir es uns verdient, endlich ausruhen zu dürfen. Der Auszug aus Ägypten ist nichts dagegen. Du meinst, dass wir Juden einfach so nach Hause fahren? Durch die Hölle sind wir gegangen. Griechen waren wir und Türken und Deutsche und Taubstumme. Zu Fuß sind wir gegangen und auf allen Vieren gekrochen. Unsere Habseligkeiten hat man uns unterwegs abgenommen. Für die Tagesreise eines normalen Menschen brauchten wir Monate. Alle Übel der Welt haben wir durchlitten. Es wäre wirklich Zeit gewesen, dass die Sorgen endlich vorbei sind. Aber nein:

Wir sind immer noch eine Station entfernt, und ich habe keine Ahnung wann unser Zug fahren wird.

Eigentlich ist es hier gar nicht so schlecht. Denn wie kann es schlecht sein, wenn man alles bekommt. Stell Dir vor: Man kann hier Monate lang ohne einen Pfennig überleben. Essen bekommt man und Kleidung bekommt man. Und eine Wohnung bekommt man, und mit der Arbeit ist es auch kein Problem. Aber ich, tut mir leid, ziehe es vor zu arbeiten und mir alles selber zu kaufen. Wenn ich Lust habe, kauf ich mir einen Hering. Wenn ich will, kauf ich eine gebratene Gans. Und dasselbe mit der Kleidung. Wenn ich ein Kleid brauche, gibt man mir ein paar Socken. Mein Mann zum Beispiel hat zwei, entschuldige, Unterhosen bekommen. Eine davon ist so lang und breit, dass sie – erinnerst Du Dich an Michalke den Fettwanst? – dreimal hätte um sich herumwickeln können. Die andere, die er bekommen hat, ist für einen vierzehnjährigen Jungen. Ich habe beide behalten. Wenn wir uns treffen, werde ich sie euch zeigen.

Noch eine wunderbare Sache gibt es hier, wirklich wie im Paradies: Alle sind gleich. Was heißt alle? Menschen aus der ganzen Welt, aus allen möglichen Himmelsrichtungen sind hier gleich. Vielleicht hast Du das schon einmal gesehen: Es gibt ein Bild mit dem Titel „Der jüngste Tag". Da steht ein Wolf und lächelt und neben ihm, sie berühren sich fast, weidet ein Zicklein ruhig im Gras.

Hier ist es genau so, alle sind gleich: Ukrainer, Polen, Ungaren, Litauer. Vor Kraft strotzende gesunde junge Männer. Man sieht sofort, dass sie nicht im KZ waren und falls doch, hatten sie einen Druckposten. Sie bekommen Kleidung und Essen und alles andere auch, und sie fühlen sich nicht schlecht dabei, denn nach Hause zieht es sie nicht, obwohl man sie nach Hause fahren lässt. Man fordert sie sogar dazu auf, aber sie sitzen hier und nennen sich KZ-Überlebende, Displaced Persons wie wir.

Na, ist das nicht wie im Paradies? Ich muss meinen Brief beenden, weil „man gibt" und ich gehe „nehmen".

Bleib mir gesund. Im nächsten Brief werde ich Dir mehr erzählen.

Malke Kelerikh

Unschuldslämmer

Liebe Tsviele,
Siehst Du, wie ich Wort halte? Im letzten Brief habe ich angefangen, Dir
von unsern ehrenwerten Nachbarn aus aller Welt zu schreiben, die zwar eine
Heimat haben, aber trotzdem hier sitzen. Die Geschichte ist nicht so einfach.
Man darf nie jemanden beschuldigen, bevor man ihn angehört hat. Deshalb
hat es sich bewährt, sie nicht zu sich nach Hause einzuladen. Das heißt, man
würde sie hereinlassen, sie könnten kommen. Man würde von ihnen nur einen
Rechenschaftsbericht über die ganze Kriegszeit verlangen. Denn man sagt
über sie, dass sie mit den Deutschen gemeinsame Sache gemacht hätten. In
Wirklichkeit ist das alles erstunken und erlogen. Eine einzige große Lügen-
geschichte. Sie haben dazu nichts zu sagen. Es mag durchaus sein, sagen sie,
dass es unter ihnen solche verkleidete, maskierte Leute gibt, die den Deutschen
dabei geholfen haben, Juden auszurauben und umzubringen, aber sie wissen
nichts von ihnen. Mit solchen Leuten haben sie nichts gemein, und die Juden
haben sie furchtbar gern. Würden sie einen Nazi schnappen, sie würden ihn
höchstpersönlich in Stücke reißen. Aber wo schnappt man so einen? Versuch
mal, einen Nazi zu finden. Hier im Zentrum, im Brenn- und Angelpunkt von
Hitler und seiner Bande. Wo sind sie alle hingekommen? Man weiß es nicht.
Sie sind nicht da und Punkt. Sind nicht da und auch niemals da gewesen. Es
gibt sogar einen Punkt auf den amtlichen Fragebögen: „Waren sie ein Nazi?
Haben sie für Hitler gearbeitet?" Falls nicht, musst du mit einem „Nein" antworten. Und stell dir vor, fast 100% Nein. Wir Juden müssen auch mit „Nein"
antworten und Punkt. Das heißt, dass wir nicht mit Hitler zusammengearbei-
tet haben und keine Nazis waren. Das nennt man Gleichheit; alle gleich. Du
kannst Dir ja nicht vorstellen, meine liebste Tsviele, wie wir für nichts und
wieder nichts die Deutschen beschuldigt haben. Nicht einer hat Hitler gekannt,
von Nazis schon ganz zu schweigen. Und von den Lagern und den Verbrennungsöfen hatten sie überhaupt keine Ahnung. Sie wussten natürlich schon,
dass es Lager gab, weil, wie konnte man nichts davon wissen, wenn man sie
doch vor der Nase hatte, wie zum Beispiel das berühmte Dachau bei München
und all die andern? Aber sie haben gemeint, dass man die Juden dort einfach nur
festhielt. Man wollte nicht, dass sie mit den Deutschen zusammen sein sollten.
Verstehst Du? Wir dachten doch tatsächlich, dass man unser Hab und Gut hierher geschickt habe, sogar die blutigen Hemdchen unserer ermordeten Kinder.
Aber die frommen deutschen Frauen haben sie sehr schön gereinigt. Stell dir
vor, manchmal kommt es vor, dass man einen Nazi schnappt, einen Henker,
der in jüdischem Blut badete und man sperrt ihn ein, und dann muss man Zeugen finden. Na, dann weck sie mal auf, die Toten, die Verbrannten, damit sie
Zeugenaussagen machen. Und wenn Du dann endlich einen Zeugen gefunden

hast, was meinst Du, passiert dann? Man wartet tagelang, man schreibt Papier voll. Wäre man in einem anderen Land, das kannst Du mir glauben, würde man sich darüber freuen. Wozu das alles? Um ja nicht einen Unschuldigen zu verurteilen. Aber egal, was sollen sich die anderen darüber wundern, wo wir doch schon selber wieder anfangen, zu bewundern und uns über das ehrenwerte Volk zu entzücken. Denn es sind doch wirklich so höfliche, liebenswürdige und anständige Menschen, wie Du sie Deiner Lebtag noch nicht gesehen hast. Bereit, für Dich durch Feuer und Wasser zu gehen. Probier es aus, halte einen Deutschen an und frag ihn nach dem Weg. Er wird zwei Stunden lang bei Dir stehen bleiben: „Gehen sie geradeaus bis zum Max-Weber-Platz, halten sie sich dann links, fahren sie mit der Linie vier, dann gehen sie ein kleines Stück zu Fuß bis zur Linie eins." Du willst dich schon von ihm losmachen, da fängt er an, sich zu verbeugen: „Bitte schön", „Danke schön", „Bitte schön", „Danke schön". Das habe ich wirklich nicht verdient. Er läuft Dir hinterher, biegt mit Dir ab und hört nicht auf zu erklären, bis Du völlig durcheinander bist und vergessen hast, wo du eigentlich hin wolltest. So ein Volk ist das, und was ein „Nazi" ist, das wissen sie kaum: Hitler und Punkt. Hitler schoss, verbrannte, hat allen Leid gebracht und ist dann verschwunden. Versuch mal den Wind im Feld einzufangen. Du solltest sehen, wie kuschelig wir es hier haben, wie sehr wir uns alle mögen. Sogar schon so einen Frevel habe ich erlebt: Sehr viele von uns schänden das Andenken unserer Märtyrer und gehen mit den Töchtern der Mörder aus. Aber darüber lässt sich nicht so einfach reden. Wir selber sind ja auch nicht besser. Vielleicht erinnerst Du Dich, man erzählte sich, dass damals in Polen jeder Pole seinen „Moschek" hatte. Hier auch. Jeder Jude hat hier seinen Deutschen, von dem er sicher weiß, dass er kein Nazi war und so weiter. Hier ein Beispiel: Geh bei einem Deutschen etwas einkaufen. Er verlangt zwei Mark, man gibt ihm fünf und man lacht: „Ein Jecke". Sieh nur, wie er sich für die drei Mark bedankt! Er tut etwas für Dich und verlangt für die Arbeit eine Mark, und Du gibst ihm drei. Nicht etwa, Gott behüte, aus Mitleid. Ich wünschte mir, so Gott will, dass wir, wenn wir zuhause ankommen, in solchen Stuben wohnen dürfen, mit solchen Möbeln, mit all den schönen Dingen. Du solltest die Wohnungen sehen, purer Luxus, die Einrichtungen, jedes Möbel ein Kunstwerk! Die Fenster mit drei Vorhängen übereinander verziert, und alles hat seinen Platz. Nichts berührt und nichts verändert, Gott behüte, während des ganzen Weltalbtraums. Und von allem haben Sie Vorrat für Jahre. Sogar Holz für acht bis zehn Jahre liegt unberührt da. Vielleicht wird man ja einmal krank und braucht „Notholz", aber wirklich krank werden sie nicht. Auch während der schlimmsten Hungersnot werden sie nicht krank, wenn alle Zeitungen und alle Theater sich nur mit den armen Menschen beschäftigen und die Welt schon aufschreit, dass man ein ganzes Volk aushungern will. Du solltest die Kinder sehen: durchtrainiert, gesund und frisch. Und man erinnert sich... Oh Tsviele! Wie tut das Herz weh. Damals, als man uns unser Hab und Gut wegnahm und es verbrannte, haben sie ihres perfekt in Ordnung gehal-

ten. Angefangen vom Staublappen bis zum eigenen Auto. Damals, als man
unsere Eltern, Schwestern und Brüder – damals, als man unsere Kinder in die
Gaskammern steckte und in den Krematorien verbrannte, züchteten sie Rosen,
zogen kleine Hündchen auf. Und so führen sie jetzt ihr Leben, unsere Mörder,
unsere Vernichter. Niemand, Gott behüte, greift sie an. Niemand macht ihnen
Vorwürfe oder beschuldigt sie. Im Gegenteil: Die Welt hat schon beschlossen,
dass das „Volk" unschuldig ist. Schuldig sind nur ein paar wenige. Das wird
man, so Gott will, nach einigen Prozessen aus den Zeugenaussagen ersehen.
Und dann wird man schon sehen, was mit ihnen zu tun ist.

　　Bleib mir gesund. „man gibt" und ich gehe „nehmen". Im nächsten Brief
werde ich Dir mehr schreiben.

Malke Kelerikh

Unser Leben hier

Meine liebe Freundin!

Ich habe Dir schon viele Briefe geschrieben und versuche immer noch, Dir unser Leben hier zu beschreiben, damit Du wenigstens irgendeine Vorstellung von uns bekommst. Aber ich weiß nicht, ob es mir bisher gelungen ist. Eigentlich ist unser Leben hier farblos. Und die richtige Vorstellung davon hat man im Allgemeinen sowieso nur dann, wenn man es selber erlebt. Es gibt keine Worte und keine Beschreibungen, die wiederzugeben im Stande wären, was ein Mensch fühlt, wenn er so etwas selber erlebt. Und besonders wir, diese „eigenartigen Geschöpfe". In der gesamten Geschichte, seit Gott die Welt und die Menschheit erschaffen hat, gab es keine derartigen Geschöpfe wie uns, die Juden der „Schejres Haplejte".

Hast Du schon einmal einen Menschen gesehen, bei dem alle die Schuld suchen? Menschen, mit denen keiner zufrieden ist, und die allen etwas schuldig sind?

Der erste und gewichtigste Vorwurf, den die Völker, unter denen wir leben, uns machen, ist, dass wir überhaupt am Leben sind. Wie kann das sein! Sie haben sich Mühe gegeben, haben alles getan, um uns zu vernichten. Und wir leben einfach weiter, als wäre gar nichts gewesen. Die Zahl ist nicht wichtig, sieben Millionen oder eine halbe, hunderttausend oder nur zehn Überlebende aus einer Stadt, sondern allein die Tatsache, dass wir leben! Und das ist nun wirklich nicht nötig. Wozu brauchen sie das? Gute Erinnerungen, schlechte, wozu das? Sie haben ein Volk ermordet und fertig; vom Markt genommen. Aber nein, jedes Mal kommen wir wieder aus unseren Löchern gekrochen wie die Mäuse und stiften Unruhe unter der Bevölkerung, ein bisschen wie Erscheinungen aus dem Jenseits. Denn es stimmt doch schließlich, dass sie uns eigenhändig vergast haben, tot und lebendig in Massengräbern begraben, erschossen, ermordet. Wieso, bitte, sind wir immer noch auf der Welt?

Weißt Du, Tsviele, man hat den Eindruck, dass sie sich nicht wohl fühlen, unsere Nachbarn und Vermieter. Als wären Tote auferstanden, um sie beim Leben zu stören. Wenn es irgend möglich wäre, sollten wir baldmöglichst sterben, um sie von diesem Unwohlsein zu befreien.

Und meinst Du, dass wir das nicht spüren?

Vor allem geniert man sich nicht und lässt es uns fühlen. Sagt es uns am besten gleich ins Gesicht. Aber außerdem sind wir wirklich nicht mehr dieselben gewöhnlichen Menschen wie früher, wie damals. Es scheint, dass man mit einer so grausamen Vergangenheit nicht leben kann. Egal wo man ist, und egal was man tut, wir haben den Albtraum vor Augen, er vergiftet uns jede Minute, lässt uns nicht frei durchatmen.

Man denkt sich allerlei Dinge aus, um zu vergessen: Einige stürzen sich tagsüber ins pulsierende Leben. Dann kommt die Nacht und zahlt ihnen das mit schrecklichen, bösen Träumen zurück, in denen sie alles noch einmal durchleben. Schweißgebadet wacht man auf. Ein böser Traum! Gerade erst eine Selektion überlebt, gerade erst das Geschrei des Kindes, der Frau, der Mutter gehört... als man sie schändete, ermordete. Und schnell springt man aus dem Bett, voller Angst, dass man um Himmels Willen noch einmal einschlafen, noch einmal den Albtraum durchleben könnte. Das ist die Nacht, die Erholung. Zerbrochen, erschöpft stehst du auf.

Und wieder kommt der Tag, mit der „Angst", mit der ewigen Angst vor dem Morgen, vor dem „Was wird sein?", vor dem „Wohin werden wir gehen?".

Da steht sie, die arme schwangere Frau, und schaut voller Furcht auf ihren fruchtbaren Bauch. „Oh Gott! Wer weiß, was sein wird? Ich werde mein Kind gebären. Und dann werde ich es sehr lieb haben! Es wird strampeln, auf sich aufmerksam machen, es wird leben. Was für eine Freude! Und was für eine Angst! Wer weiß, was mein Kind erwartet?"

Sie hat schon viel erlebt, die Mutter, sie kennt es schon. Und die Junge, die es nicht erlebt hat, hat davon gehört und kennt es auch. Und das Herz beginnt zu zittern vor Furcht. Die Freude vergeht, und es bleibt nur die Angst. Schreckliche, grenzenlose Angst! Wieso? Man weiß es nicht. Nichts gestohlen, nichts geraubt, niemanden schlecht behandelt. Ganz sauber. Seit Generationen sauber. Ein reines Gewissen, ohne einen Fleck. Und doch schuldig. Und verfolgt wie der größte Mörder.

Weißt Du, ich habe einen Freund. Er hat vier Jahre mit arischen Papieren gelebt. Jetzt ist er wieder ein Jude. Ein schöner, breitschultriger, gesunder Mann. Er hat vor niemandem Angst. Er nimmt es auch mit dem Gesündesten im offenen Kampf auf.

Du gehst also mit ihm spazieren. Und plötzlich, mit einem Mal, wird er langsamer, unsicher. Sein Blick geht in alle Richtungen, wie bei einem gejagten Tier. Sein Gesicht wird blass, und Schweißtropfen stehen ihm auf der Stirn. Nach einer Minute ist er wieder bei sich und lächelt schüchtern und verlegen. Er hat das Gefühl gehabt, dass ihn jemand verfolgt, dass er noch immer „dort" ist, mit falschen Papieren. Er hat Blicke im Rücken gespürt und hat nicht gewusst, ob er schnell oder langsam gehen soll. Oder irgendwohin weglaufen und sich verstecken. Das hat nicht lange gedauert: Zwei oder drei Minuten, ein kleines Wiedererleben jenes Lebens.

Wie konnte er vier Jahre so leben? Lange, schreckliche Jahre? Tage, Nächte ohne Ausweg und ohne Perspektive. Mit der schrecklichen Angst im Herzen, die für immer bleiben wird... Für immer in jung und alt eingebrannt. Und verschwunden ist das Vertrauen in Gott und die Menschen. Keiner von ihnen hat die Schreie gehört und ist zu Hilfe geeilt.

Du wirst fragen, wie wir hier so leben können? Wer sagt denn, dass wir leben? Existieren heißt noch nicht leben. Auch im KZ hat man existiert, auch in den Lagern. Es stimmt, dass man dort noch an Hunger gestorben ist. Hier haben wir zu essen, aber wir wissen nicht, ob wir uns heute vollstopfen sollen, für später, denn wer weiß schon, ob man morgen vielleicht nichts mehr wird essen können? Wieder alles wegwerfen und flüchten muss? Oder das Gegenteil, für morgen aufheben? Wer weiß, ob man morgen etwas bekommen wird? Und das bisschen, das man mit Hilfe von Verwandten in Amerika, oder durch Arbeit und Sparsamkeit erworben hat, was tut man damit? Mitnehmen, aber wie denn? Zurücklassen? Wieder alles zurücklassen, wie damals? Das haben wir doch schon einmal erlebt! Wir haben doch unsere reichen schönen Häuser arm und nackt verlassen. Es gibt nichts Schlechtes auf der Welt, das wir nicht erlebt hätten. Wir wissen doch, das man nicht sparen, nicht zurückzulegen braucht und glauben braucht man auch nicht. Niemandem. Und die Begriffe geraten einem durcheinander. Gut und schlecht, ehrlich und unehrlich, schwarz und weiß.

Du fragst, wie wir hier so leben können? Wer wird das denn leben nennen? Und wer hat dir gesagt, dass wir leben?

Dort siehst Du eine Frau, nach der letzten Mode herausgeputzt, in einem schönen Pelzmantel, mit Armreifen und Ringen an den Fingern, die Haare blond onduliert. Du weißt nicht, wie alt sie sein könnte? Und denkst zufrieden: Wenigstens die hat die Hölle nicht durchgemacht! Soll wenigstens eine glücklich sein. Und es passiert einmal, dass wir beide allein sind. Und ich beginne mich vorsichtig heranzutasten: „Schon verheiratet oder noch ein Fräulein?" Und die Frau wird plötzlich ernst. „Das ist schon mein zweiter Mann", sagt sie leise, „den ersten habe ich verloren, noch im Ghetto, als man die Intelligenz liquidiert hat. Mein Mann war Anwalt, deshalb hat man ihn auch mitgenommen."

Ich schweige. Ich will schon nicht mehr weiterfragen. Ich sage nur höflich zu ihr: „Ja, sie sehen so jung aus."

Aber die Saite ist schon in Schwingung versetzt und klingt weiter, wie von selbst: „Jung, ich möchte jung sein, mehr ist mir nicht geblieben. Zwei Kinder hat man mir genommen, einen vierzehnjährigen Sohn und eine zehnjährige Tochter. Sie waren einzigartig, meine Kinder, wie es sie nirgends mehr auf der Welt gibt." Die Stimme der Frau beginnt zu zittern. „Kein Mann mehr, keine Kinder und, sie werden nie zurückkommen. Nichts, nichts als Leere. Und das..." – sie schaut mit Verachtung auf ihre Finger mit den rotlackierten Nägeln und den Brillantringen – „...das bin nicht ich. Das ist „Schejres Haplejte". Sich selber etwas vormachen, dem anderen etwas vormachen. Und wenn ich meine grauweißen Haare färbe, werde ich dann ein Kind gebären können? Nein!", schreit sie wütend auf. „Ich mache allen etwas vor, aber sie, meine Liebsten, wenn ich rede, wenn ich lache, spiele ich mit ihnen. Ich bringe sie ins Bett und ich singe für sie. Ich bin immer mit ihnen zusammen." Sie streicht sich mit der Hand über den blondgelockten Kopf. „Und das ist alles falsch, zusammengeklebt, eingefärbt, wie man einen alten verfaulten Zaun frisch streicht. Und das neue Leben? Ach, auch das ist zusammengeklebt, künstlich, es soll so aussehen als ob." Das ist die Frau und so ist auch der Mann, der flüchtet und rennt. Und plötzlich stehen bleibt. Er weiß nicht warum oder wegen wem. Wo es doch ohnehin keine wirkliche Freude gibt, wenn es doch ohnehin keine Sicherheit gibt, dass man das Erarbeitete aufbrauchen kann – wozu dann die Lauferei? Wozu die Schufterei? Verstehst Du, keiner will ein Fazit ziehen, keiner will sich damit befassen, weil die Wirklichkeit dann zu schrecklich wäre. Nicht auszuhalten wäre. Meine Liebe, ich finde keine Worte, um dir zu berichten. Ich bin zu schwach. Und Worte sind doch so nichtssagend. Wie hat denn die Welt sechs Millionen Ermordete verstanden? Sechs Millionen Leben – übermütige, junge, alte Leben. Menschliche Leben, die gefühlt haben und so sehr leben wollten. Sechs Millionen sind Ziffern geworden. Und die Leiden? Wörter sagen gar nichts. Anfangs hat man noch zugehört, wie man Büchlein mit traurigem Inhalt liest. Danach war das schon überholt, nicht mehr interessant. „Ja, natürlich war es so, man hat schon davon gehört. Nichts Neues. Jetzt hat man genug davon.

Und wir selber? Auch wir selber haben genug davon. Und mit uns zusammen die ganze Welt. Egal, die Welt hat sich schon immer weniger für unser Unglück interessiert als für die verringerten Rationen der Deutschen. Und wir haben gar nichts getan, um die Gleichgültigkeit zu verändern, um nicht abgestempelt zu werden. Wir haben nicht reagiert. Wie Schafe hinter der Karre mit Futter sind wir wie hypnotisiert dem Essen hinterhergelaufen, den Konservendosen, die man uns hingeworfen hat, und haben für das Linsengericht die unendlichen Leiden unserer heiligen Märtyrer verkauft. Nichts getan. Keine Rache genommen, keine Gerechtigkeit eingefordert. Und am schrecklichsten: Keine Zukunft für uns erkämpft. Du wirst fragen, Teuerste, wer schuldig ist? – Wir wissen es nicht. Eines nur wissen wir: Es gibt unter uns keinen Moses, der uns von hier wegführen soll. Und unser göttlicher Messias ist so weit weg, dass keiner ihn sieht, keiner ihn hört und sowieso keiner an ihn glaubt.

Das also ist unser Leben hier, von dem ich Dir so sehr erzählen möchte, damit Du verstehen sollst, damit Du es nachempfinden sollst.

Aber ich kann nicht… Und Worte sind nur Worte und sagen gar nichts.

Baruch Graubard

Lauter Gerechte

Also sprach Mojsche Josl:
Ich hatte ja keine Ahnung, dass unter Hitlers Mitarbeitern so viele Gerechte waren. Erst jetzt habe ich begriffen, dass es lauter anständige Menschen waren, die rund sechs Millionen Juden und rund fünf Millionen Menschen anderer Völker ermordet und zwanzig Millionen im Krieg umgebracht haben.
Andererseits, was kann man einem Schacht vorwerfen? Dass er zum Beispiel mit der deutschen Mark getrickst hat. Was soll's, in einer Kriegssituation kann das schon mal vorkommen. Hat er denn gewusst, was das für Gold war, das da aus Maidanek, Treblinka und Auschwitz kam? War er denn dazu verpflichtet, das Gold auf Blutflecken zu überprüfen? Er hat sicher gemeint, dass Hitler die SS-Leute damit gesegnet hatte, dass in ihren Händen alles zu Gold werden sollte. Schacht war doch kein General, sondern nur ein Zivilist, und ein Zivilist kann doch meinen, dass man in einem modernen Krieg mit Erbsen schießt, besonders, wenn er sieht, wie das Gold fließt. Das ist doch ein Zeichen dafür, dass gar nicht Krieg ist, sondern dass die ganze Armee einfach nur zum Geldverdienen nach Polen und Russland gefahren ist und jetzt von ihrem Verdienst Gold und Päckchen schickt.
Es ist doch wirklich keine Überraschung, dass Schacht freigelassen wurde. Er war kein Publizist für den „Stürmer", er hat keine Juden erschossen. Er hat das Gold entgegengenommen – was ist das schon für eine Sünde?
Und hier haben wir einen zweiten „anständigen" Menschen. Einen General sogar. Mit Namen Halder. Bei dem hat es schon damit angefangen, dass er immer „dagegen" war. Mit Hitler hatte er nichts zu tun. Er wollte sogar einen Putsch gegen Hitler machen. Dann ist aber folgendes passiert: Genau an dem Tag, als er Hitler erschießen wollte, ist Chamberlain gekommen. Man kann doch einen werten Gast nicht in Verlegenheit bringen und ausgerechnet an diesem Tag Hitler erschießen. Und später… später hat er es vergessen, hat den Revolver irgendwo verlegt und konnte keinen andern finden. Im entwaffneten Deutschland war es schwer, einen Revolver zu finden, und außerdem war er in seinem Beruf sehr beschäftigt. Er war Stabschef, und wenn ein Krieg bevorsteht, hat ein Stabschef zu tun.
Das heißt, den Krieg hat er nicht vorbereitet. Das ist von ganz allein passiert. Und wenn so ein Krieg einmal ausgebrochen ist, braucht das Militär jede Schusswaffe. Also ist Halder weiterhin revolverlos geblieben.
Später war Halder mit Wohltätigkeit beschäftigt. Er wollte der Türkei den Kaukasus abtreten. Ha, stellen sie sich vor, wie dem Halder das Herz weh tat, als er entdeckte, dass die arme Türkei keinen Kaukasus hat. So schöne Berge, aus denen man so viele Menschen vertreiben kann. Wieso sollten sie nicht türkisch sein, oder vielleicht auch deutsch?

Sein Freund Göring hat nach einem Stückchen Kaukasus gelechzt, hat sich nach ein bisschen Erdöl gesehnt. Das ist doch nichts Ungewöhnliches. Immer diese Elektrizität. Es wird einfach langweilig ohne Öllampe. Denn nur darum ging es Halder. Und so einen sympathischen Halder stellt man vor eine Spruchkammer? Wieso denn das? Oder ein Thyssen, beispielsweise? Er war doch nur ein armer Mitläufer, Mitleid sollte man mit ihm haben. Mitlaufen – wenn man in der Tasche hundert Millionen und eine ganze Industrie mit sich herumträgt, ist es dann so leicht zu laufen? Aber er, Thyssen, ist die ganze Zeit mitgelaufen, er hat sich verausgabt und geschwitzt. Jetzt will man ihn sogar noch dafür verurteilen und verlangt, dass er zwanzig Prozent seines Vermögens bezahlt. Die Kleinigkeit von 21 Millionen Mark. Was will man von dem armen Menschen, der kaum mehr als hundert Millionen besitzt?

Und an allem sind in Wirklichkeit nur die Juden schuld. Erstens: Warum haben sie überhaupt existiert? Zweitens: Was mussten sie sich auch in Europa aufhalten, wo doch Krieg war? Das konnte der Stürmer nicht ertragen.

Heute sieht man, wie gerecht Hitlers Gerechte sind und man hält sie in allen Ehren.

Nur, warum nicht, sollten die Gerechten sich noch einmal in einem Bierkeller versammeln, mit einem bisschen Schnaps, dann werden sie sich schon den nächsten Hitler ausdenken. Genau so, wie sie auch den ersten ausgewählt haben. Und sie werden weiterhin Mitläufer bleiben.

Und ich, Mojsche Josl, mach mich schon auf den Weg. Ich wünsche Europa eine „gute Nacht", denn es dunkelt schon wieder. Aber ob es wirklich eine „gute" Nacht sein wird, weiß ich nicht. Ich befürchte: Nein…

Baruch Graubard

Wir sind schon eine Partei

Als ich, Mojsche Josl, mich in der Schejres Haplejte niedergelassen habe und angefangen habe, mit meinen kaputten Schuhen durch die Siebertstraße zu laufen, wo all die Komitees eingezogen sind, da ist mir die Sache ein bisschen seltsam vorgekommen.

Einmal habe ich sogar nachts geträumt, dass ich Adam aus der Schöpfungsgeschichte bin. Alles ist ein großer Schlamm, und über dem Schlamm liegt Nebel. Um mich herum kriechen Schlangen, springen Affen, und ein großer Bär wackelt auf den Hinterbeinen herum.

Ich muss ehrlich sagen: Ich habe mich darüber gefreut, dass ich bei der Schöpfung zuschauen konnte, wie aus einem Chaos ein bisschen Welt entsteht, und ich habe mir gedacht: ‚Ich, Mojsche Josl, bin am Anfang dabei, also werde ich aufpassen, dass die neue Welt in Ordnung bleibt.'

Aber es blieb nicht in Ordnung! Warum? Das will ich Ihnen gleich erzählen.

Ich stehe auf der Strasse neben einem Trümmergrundstück, als ein Jude mit Brille auf mich zukommt.

„Sind sie Mojsche Josl?", fragt er mich.

„Ja, das bin ich. Ich schau der Schöpfung bei der Arbeit zu."

„Nur zuschauen ist verboten. Man muss mithelfen. Sie sehen, wir sind beide wie Handlanger angezogen", unterbricht mich der Mann.

Es stimmt, wir waren beide schäbig gekleidet.

„Wie heißen sie, Verehrtester?", frage ich den neuen Bekannten.

„Dr. Jitzchak Kapege", antwortet mir der Jude.

‚An Doktoren ist bei uns kein Mangel', denke ich mir. ‚Jeder Jude ist ein Doktor, ein Ingenieur ist dagegen gar nichts, Dreck.'

„Hören sie mir zu, mein Freund", sagt Dr. Kapege. „Wir müssen uns organisieren, eine Partei gründen. Es geht auf die Wahlen zu. Bald beginnt der Kongress, man wird neue Komitees wählen. Ohne Partei ist man hier gar nichts. Man muss gesellschaftlich denken."

Nachdem ich das gehört habe, bin ich Feuer und Flamme. Nicht ohne, bei der Schöpfung mitzuarbeiten.

„Was muss ich tun?", frage ich.

„Gar nichts. Wir sind eine Partei, eine nationale, eine fortschrittliche, eine demokratische. Wir müssen nur ins Komitee gewählt werden."

„Wer ist in der Partei?", frage ich.

„Gibt es hier etwa zu wenig Juden?", sagt der Doktor. „Wir sind die größte Partei."

„Dann müssen wir einen Aufruf verfassen", versuche ich einen Rat zu geben.

„Den Aufruf gibt es schon. Und das Parteikomitee auch. Ich bin der Vorsitzende, und wir sind schon mit Parteiangelegenheiten beschäftigt."

Wir eilen zum Komitee und stürmen ins Büro des Vorsitzenden. Beim Vorsitzenden sitzen schon Repräsentanten von ungefähr zehn neuen Parteien. Ein Lärm, ein Chaos. Man streitet über den Kongress.

Mein Doktor schnappt sich einen Stuhl und fängt mit lauter Stimme an zu reden: „Wir Demokraten wollen…" Und er zählt so viele Dinge auf, die wir wollen, dass mir schon ganz schwindlig wurde, und ich hinausgegangen bin, um Luft zu schnappen. Aber als ich wieder hinein wollte, stand ein Wächter vor der Tür und hat mich nicht gelassen.

„Es findet gerade eine Sitzung statt, das neue Komitee organisiert sich", sagt der Wächter.

„Wie bitte?", wende ich ein. „Ich nehme doch an der Sitzung teil."

„Zu spät", sagt der Wächter. „Der Vorsitzende hat gerade befohlen, die Türen abzuschließen. Alle, die drinnen sind, bilden das neue Komitee, und mehr darf ich nicht hereinlassen. Es gibt nicht genug Radios zu verteilen."

Was soll's, bin ich also draußen geblieben.

Später, als ich den Dr. Kapege auf dem Kongress getroffen habe, war er schon ein „Mitglied" und ein „Leiter". Er hatte neue Hosen an und trug eine Ledermappe in der Hand.

„Mein Freund!", halte ich ihn an. „Was ist passiert?"

„Ich habe keine Zeit!", schreit er. „Wenn Sie in unsere Partei eintreten wollen, können Sie eine Deklaration unterschreiben, aber erst nach dem Kongress."

Ich habe meinen Mut zusammen genommen und gesagt: „Wir haben doch die Partei gemeinsam gegründet, dort im Schlamm."

„Pah", sagt der Doktor, „alte Zeiten. Heute sind wir eine organisierte Gesellschaft." Und während er sich zu meinem Ohr herunterbeugt, sagt er lächelnd: „Wären sie denn gern ein Komiteemensch geworden? Sie sind doch ein Kopfarbeiter. Sie brauchen ein Thema und keine Möbel. Einen Gedanken statt eines Radios. Sie verstehen mich doch?"

Ich habe ihn verstanden.

Die Sitzplätze sind verteilt, die Tage der Schöpfung vorüber, geblieben ist nur der Schlamm, ein paar Juden vor verschlossenen Türen und ich, Mojsche Josl, mittendrin.

München, März 1947

Baruch Graubard

Wie mein Freund Jankl Batlen zum Redakteur wurde

Die Geschichte hat mir Jankl Batlen selbst erzählt. Er ist ein Mensch, dem ich glauben muss, weil er erstens nicht lügt und zweitens von Zeit zu Zeit meine Artikel in seiner Zeitung abdruckt.

Vor dem Krieg war Jankl Batlen Sekretär in einem jüdischen Gymnasium in Polen. In der Schule lernten ungefähr hundert Kinder. So ein Städtchen wie Wolkowisk konnte nicht mehr Kinder für ein Gymnasium aufbringen. Das Städtchen musste zehn Chadorim, eine Jeschiwe, zwei jüdische Volksschulen – eine allgemein zionistische und eine religiös-zionistische – versorgen und dazu noch ein paar Taugenichtse übrig lassen, die später Heiratsvermittler, Spaßmacher und Lokalpolitiker werden sollten.

Die Kinderproduktion in Wolkowisk war einfach nicht groß genug, um damit den ganzen Bedarf zu decken, so dass hundert Kinder für ein Gymnasium eine Errungenschaft waren und ganz besonders für Jankl Batlen, einen Juden mit dicken Brillengläsern und kurzen Beinen, der mit allen „wichtigen Leuten" gut stand. Die Schule nannte man „Gymnasium", weil die beiden Volksschulen schon vorher existiert hatten. Und auch, weil der erste Direktor auf seine Pension verzichtet hatte, nur um Direktor eines „Gymnasiums" zu sein.

Als es Jankl Batlen zur Schejres Haplejte nach München verschlug und er nach Arbeit suchte, lief er als erstes zum Kulturamt.

Dort angekommen schaute sich Jankl um. Es stimmte alles. So musste es aussehen. In einem kleinen Zimmer jede Menge Regale, große Papierberge auf dem Tisch und zwei Juden, die miteinander streiten.

„Sie wollen mir sagen", schreit ein junger Mann, „wie der Hauptbeamte in einer Schule auszusehen hat? Ich war zehn Jahre lang Direktor im hebräischen Gymnasium von Wolkowisk."

Als er den Namen Wolkowisk hörte, schob sich Jankl Batlen sofort die Brille auf die Stirn und schaute sich den Mann von unten nach oben und von oben nach unten an. Nichts. Er sieht ihn zum ersten Mal in seinem Leben.

Ich war so durcheinander, erzählte mir Jankl, dass ich ganz vergaß, mir das Gesicht abzuwischen, das mir der junge Mann vor lauter Begeisterung vollgespuckt hatte.

In diesem Moment öffnete sich die Tür und herein kam ein kleiner Mann mit einem langen Schnurrbart.

„Guten Morgen", sagte er in die Runde, „worüber diskutiert man hier denn so aufgeregt?"

„Was wollen Sie, Verehrtester?", fragt ihn der junge Mann, das heißt, der Wolkowisker Direktor.

„Was ich will?", imitiert ihn der neue Kunde, „eine Anstellung als Inspektor oder Direktor will ich. Ich war vor dem Krieg Direktor des bekannten Wolkowisker Gymnasiums."

Jankl wurde es angst und bang. Er war doch nicht etwa einer Horde Spaßmacher in die Hände gefallen. Er wollte sich schon als dritter Wolkowisker
Direktor vorstellen, aber in dem Moment begann der junge Mann den Neuan-
kömmling zu umarmen.

„Was für eine Freude", sagte er und rieb sich die Hände, „Sie sind der erste
Direktor und ich bin der zweite. Gelobt sei Gott, dass Sie leben und wir uns so
glücklich hier treffen."

„Wie gut, sich so zu treffen!", begann der zweite zu schluchzen. „Wie heißen
Sie, werter Direktor? Ihr Name ist mir entfallen. Sie verstehen doch, KZ..."

„Ich habe Ihren Familiennamen auch vergessen, lieber Schmuel", sagt der
junge Mann, der Beamte.

„Eigentlich heiße ich Mojsche, aber nach einem solchen Krieg kann man
sich auch mal vertun. Was sagen Sie zu einer Arbeit für mich?"

„Es versteht sich von selbst, dass wir einen Inspektor brauchen. Das ist wie
für Sie gemacht. Wir kennen uns doch schon so lang. Übrigens brauchen wir
auch noch einen Redakteur."

Jankl Batlen saß verwirrt da. Was konnte er jetzt sagen, nachdem er hier
zwei Wolkowisker Direktoren antraf, die er in seinem Leben noch nie gesehen
hatte? Wer würde ihm glauben, dass er der Sekretär war? Aber als er das Wort
„Redakteur" hörte, hellte sich seine Stimmung auf.

„Meine Herren", setzte er an, „ich sehe, dass heute lauter Wolkowisker hier
zusammentreffen. Sie erinnern sich doch an mich? Ich war Redakteur der ‚Wolkowisker Stimme', die in einer Auflage von 10 000 Exemplaren erschien."

„Natürlich erinnern wir uns, Herr Berl", sagt der erste „Direktor".

„Sicher kennen wir Sie, Herr Schmerl", sagt der zweite „Direktor".

„Dann ist es ja gut!", sagt Jankl. „Aber vergessen Sie nicht, dass ich Jankl heiße."

„Ich weiß", riefen beide „Direktoren" gleichzeitig aus.

„Kurz und gut, Herr Jankl", beendet der junge Mann, der Beamte, den Satz,
„Sie bleiben bei uns Redakteur."

Und sofort wandte er sich mit lauter Stimme zum ersten Klienten: „Hier haben
Sie Zeugen. Ich war zehn Jahre lang Direktor des hebräischen Gymnasiums in
Wolkowisk, und Sie behaupten, dass ich nichts von Pädagogik verstehe?"

Wir haben alle herzlich gelacht und der Klient ließ beschämt den Kopf hängen.
Er hatte sein Glück verspielt, weil er kein Wolkowisker Direktor war. Fällt
ihm doch tatsächlich ein zu sagen, dass er nur ein Lehrer in Kutno war!

Und wenn er sagt, dass er ein Lehrer in Kutno war, kann es auch sein, dass er
weiß ich was in Belz war. Aber alles ist möglich: Vielleicht war er tatsächlich
Lehrer in Kutno. Es gibt ja noch Narren, die in der Schejres Haplejte nicht
Karriere machen wollen.

Oktober 1946

EIN HÄUFCHEN SCHERBEN

Israel Kaplan

Ein Häufchen Scherben*

Lager Stich-ins-Herz. Ungefähr fünftausend „Israeliten" hat man im Lager Landsberg zusammengepfercht. Eine der größten Gruppen unter dem Häufchen Juden, diesen mit dem Leben davongekommenen Scherben tausender zerschmetterter Gemeinden. Hier leben keine ganzen und unversehrten Familien, keine Menschen aus denselben Städten oder auch nur Ländern. Ein Durcheinander einsamer Individuen. Nicht wenige unter ihnen sind die letzten Überlebenden von hundertköpfigen Familien, einer Stadt oder sogar eines ganzen Landstriches.

Landsberg am Lech.

Von der ehrwürdigen Festung hier strahlte im Jahre 1924 die düstere Schrift des privilegierten Ehren-Häftlings und umsorgten Pensionsgastes Adolf Hitler in die deutsche Welt aus – „Mein Kampf".

1944 wurde, im Geiste dieses geheimnisvollen Büchleins, das „deutsche Sibirien" in diese menschenfeindliche Gegend verlegt. Insgesamt elf Judenlager, alle schnell und primitiv in Wald und Sumpf errichtet und mit Karton- und Lehmhütten „ausgestattet". Das waren elf „kalte Krematorien", die im Verlauf von neun Monaten einen Umsatz von ungefähr 80'000 Seelen machten. Anfang 1945 wies die Bilanz des liquidierten „Unternehmens" Aktiva von etwa 8000 lebenden Skeletten auf. Plus totes Kapital, verscharrt unter unordentlichen Erdwällen: Massengräbern.

Vier Monate ist jetzt die Befreiung her. Die Juden haben auf allen möglichen Wegen versucht, ihre Angehörigen aufzuspüren, haben sich in alle Richtungen über Dörfer, Städte, Länder verteilt. Währenddessen wurde auch energisch an einer Statistik gearbeitet, man registrierte und zählte die Überlebenden. Und das harte Urteil lautete:

Schejres Haplejte!

Ohne Illusionen oder Hoffnungen.

So und so viele seid ihr noch. Und hier habt ihr die Bilanz.

Und als Wohnorte bekommt ihr – Lager!

Wenn ihr, kleine Juden, doch – Gott behüte – keine Menschen ermordet, nicht einmal vornehm vergast habt, was soll dann dieses freie Herumlaufen, das Wohnen in möblierten Zimmern, oder sogar in eigenen Wohnungen?

Alles ist möglich bei diesen Semiten-Kazetlern. Am Ende treiben sie sich noch auf so heiligen Straßen wie denen Landsbergs herum! Schlimm genug,

---

* Diese Äußerungen gehören zu den ersten Reportagen über unsere heutigen Lager, noch mit der ganzen Kazetlerischen Stimmung in den ersten Monaten nach der Befreiung. Viele Aspekte in den Schilderungen wurden durch die allgemeine Impulsivität jener Tage hervorgerufen und beziehen sich in keiner Form auf reale Personen. I.K.

dass der Blick eines noblen Stadtbürgers in diesem abgeschotteten Winkel auf
so eine Fratze fallen kann. Ist so etwas nicht ein Stich ins Herz?
Und gibt es denn einen Grund für solch jüdische Rücksichtslosigkeit? Am
Ende wird es, Gott behüte, noch jemandem einfallen, ins benachbarte Mün-
chen wegzulaufen, in die „Hauptstadt der Bewegung"!
Kusch-Kusch, ins Lager hinein mit euch, zurück in den Hühnerstall!
Genau so muss es sein, mit einer ehrwürdig-demokratischen Wache, mit
standardisiertem Stacheldraht. Wie denn sonst?
Ihr Judenpack! Wart ihr all die Jahre etwa an ein sanfteres Panorama
gewöhnt, hattet ihr es besser?
Hier bleibt ihr sitzen und wartet.
Zeit haben wir.

Doch ein Schtetl?
Ungefähr fünftausend Juden halten sich in diesem abgeriegelten Lager auf. Die
meisten haben keine Arbeit, sind zur Untätigkeit verurteilt. Besonders diese
Leute lechzen nach jedem Tropfen Neuigkeiten aus der „großen Welt jenseits
des Stacheldrahts". Es schadet aber auch nicht, ihnen auf den Zahn zu fühlen.
Schon legen sie los mit einem Haufen Sensationsmeldungen, Denkwürdig-
keiten und überraschender Neuigkeiten. Und alles aus so gut wie sicherster
Quelle – garantiert!
Wie im altbekannten Schtetl…
Ein Jude aus Galizien mit einem abgewetzten Mantel über den Schultern
atmet geräuschvoll und nachdenklich den Rauch seiner Zigarette aus, während
er neugierig und skeptisch zugleich eine Gruppe „Ichud"-Jugendlicher beob-
achtet, die auf dem Dach des Konzertsaals herumklettern. Eine blau-weiße
Fahne wollen sie anlässlich ihrer Konferenz hier aufziehen. Beim nächsten
Zug an seiner Zigarette richtet er seinen düsteren Blick auf die glühende Tabak-
asche, die auf seine langen knochigen Finger und die eintätowierte KZ-Num-
mer unter seinem hochgekrempelten Ärmel fällt. Mit zusammengepressten
Lippen lässt er seinen Gedanken freien Lauf.
„Mit dieser Zusammenkunft hier, meine ich, bei all diesen stürmischen Vor-
bereitungen, bei dem ganzen Jubel und Trubel, fehlt nur noch wenig, bis der
Messias seinen Vorboten herschicken wird!"
Das Geräusch eines Autos auf der anderen Seite des Tores lenkt die paar
Leute ab, die sich mit grimmigen Blicken und streitsüchtigen Stimmen gegen
den seltsamen galizianischen Pessimisten gewendet haben. Eine Gruppe
Delegierter kommt in einem Lastwagen angefahren.
Blicke und Beine bewegen sich zum Stacheldraht, zum Tor. Dort gibt es
keine lange Kontrolle, so dass die angekommenen Gäste bald zur wartenden
Menge stoßen und sich unter sie mischen.
„Guten Tag, Guten Tag! Aus welchem Lager kommen Sie?"

„Sie sind doch Delegierte", bringt ein Politiker spitzfindig seine Frage vor: „Ist die Konferenz wirklich von insgesamt drei Spaltungen bedroht?" Soll das alles ein Schtetl sein?

Gegenüber der Lagerkommandantur hängen große Tafeln, übersät mit Mitteilungen. Der zionistische Gottesdienst findet an Rosch Haschana und Jom Kippur in der Sporthalle statt. Die Vereinigung der orthodoxen Juden dagegen informiert über zwei ganz neue Gebetshäuser: Die Garage und der Konzertsaal neben der Kantine. Daneben auch gleich ein „Achtung – Aufforderung" an die religiösen Juden: Die dringende Bitte an alle Frauen und Männer, sich registrieren zu lassen, in ihrem eigenen Interesse! Der religiöse Jugendbund wiederum gibt seine Aktivitäten höchst ambitioniert bekannt: „So Gott will, wird am heiligen Sabbat des Wochenabschnitts … im eigenen Lokal die wichtige und höchst interessante Veranstaltung im Rahmen der dritten traditionellen Sabbatmahlzeit stattfinden." Die Teilnahme ist obligatorisch für alle Mitglieder. Und überhaupt – „Religiöse Jugend, erscheint massenhaft!"

Und sogar dies: Während einerseits jene Jugend organisatorisch schon so gefestigt ist, dass sie auf eine „Tradition" verweisen kann und befehlshaberisch zu ihren Leuten spricht, und andererseits der allmächtige „Ichud" schon seine Fahnen auf den Dächern flattern lässt und eine grandiose Konferenz abhält – versucht jetzt auch noch eine frischgebackene Initiativgruppe ihre Angel in diesem blubbernden Gewässerchen auszuwerfen. „Mit Zionsgruß und im Namen des heldenhaften Israel" werden auf Hebräisch all diejenigen „die in ihren Herzen einen Funken Verantwortungsgefühl für das Gebot der Stunde tragen und deren Verstand nicht zu abgestumpft ist, um die hohe Idee zu begreifen" höflich gebeten, sich freundlicherweise an das vorläufige Sekretariat zu wenden…

Das Schtetl, das Schtetl!

Und auch an kleinstädtischer Romantik fehlt es hier nicht. Entlang der hübsch eingefassten Blumenrabatten bildet sich vor der Essensausgabe am Mittag eine Schlange. Ein brünetter, breitschultriger junger Mann kommt mit einem kleinen Kesselchen und einer gesprungenen Tonschüssel an. Man ruft sich mit einem gemütlichen Lächeln zu:

„Gebt eine doppelte Portion aus, für ihn und für das Fräulein …! Schon seit einer Woche…" Alles muss kommentiert werden.

Ein wenig abseits sitzt unter einem voll beladenen Kastanienbaum ein anmutiges Mädchen, auf deren Kopf die Haare bereits nachwachsen und sich fein kräuseln. Sie stopft eine Männersocke. Ganz allein, und ruft mit der Stimme eines verwöhnten Kindes:

„Anscheinend ist der Herr sogar zu faul, um ein paar Schritte über das gigantische Lagergelände zu unternehmen. Und in den Socken wird das Ausmaß der Zerstörung von Tag zu Tag größer!"

„Wie *denn*? Ich bin auf dem linken Auge taub. Ein Kopf streckt sich aus dem Fenster nebenan, ein bandagiertes Gesicht mit feurig-funkelndem Blick: „Meine Güte, sie meint tatsächlich, man habe nichts anderes zu tun, als mit ihr herumzuspazieren, und zwar genau dann, wenn es alle sehen können."

Und wie die meisten süßen Romanzen finden diese Spielereien auch hier ein schnelles Ende.

Jetzt drängeln sich vor dem schwarzen Brett wieder so viele Menschen. Jeder giert andächtig nach jedem frisch angeschlagenen Papier:

Mitteilung. Religions-Amt. Abteilung 3.

Es wird gemeldet, dass folgende Personen den Wunsch geäußert haben zu heiraten:

Herr Schlomo Zislman, geboren am 8.5.1922 in Radom, war in den Lagern Treblinka, Buchenwald und Dachau. Derzeitige Adresse: Block 8, Zimmer 126 und Frau Aranka Gimpel, geboren am 7.6.1924 in Tokai, Ungarn, war in den Lagern Auschwitz und Dachau, derzeitige Adresse: Block 6, Zimmer 85.

Und so weiter, eine lange Liste mit Männer- und Frauennamen.

Personen, die aus begründeten Motiven gegen diese Eheschließungen sind, werden dazu aufgefordert, sich in die Schreibstube des Religions-Amts zu begeben, Öffnungszeiten von...

Das Religions-Amt spielt hier anscheinend keine geringe Rolle. Ganz besonders bei Eheschließungen. Denn nicht ständig läuft alles glatt in der Liebe. Ein Teufel schleicht sich ein und nimmt sich nichts Geringeres vor, als das ganze Rote-Rosen-Theater zu verhindern! Eine ganze Schachtel Fischkonserven, eine ungeöffnete Packung Kondensmilch und fünf noch unbenutzte Rasierklingen aus dem lang erwarteten Joint-Paket bietet jener dort im großen Block seinem werten Zimmernachbarn, damit der ihm seinen Platz für seine Braut abtritt. Und der sträubt sich frech.

„Ich werde ganz offiziell unter dem Traubaldachin heiraten, dann wird dich das Religions-Amt wie einen Splitter entfernen", bettelt und droht der Bräutigam.

„Na, na, bis jetzt hast du dich noch nicht vor Gericht mit mir geeinigt", spielt jener zynisch auf Zeit.

Nein, nein, wieder nicht wie im Schtetl.

In einem Winkel der Garage steht ein Jude aus Lodz vor einem Publikum aus zwanzig Frauen und bildet sie in der Kunst des Zuschneidens von Damenbekleidung aus. Kreide zum Anzeichnen ist freilich schwer zu bekommen. Für Nähmaschinen gibt es gerade einmal eine Zusage. Eine rostige Schere und ein zerknautschtes Stückchen Stoff hält er aber in der Hand.

Ein neues Gesicht stört den Unterricht ein wenig. Eine Art Gast – Delegierter – Zuschauer.

„Ist hier jemand aus Kaunas? Litauen?" Er lässt seinen bebrillten Blick über die Frauenköpfe schweifen.

„Das ist nichts für ihre zarten weißen Händchen", fährt man den Litwak in polnischem Dialekt an.

Was ist hier wirklich los mit den litauischen Frauen? Laufen sie einfach so unbeschäftigt herum? Nein, noch schlimmer.

„Die litauischen Juden sitzen alle in den Büros", zischt eine zweite zwischen blassen Lippen hervor.

Ein Auswärtiger kann die komplizierten, verwickelten und unlösbaren Probleme in Landsberg natürlich nicht kennen. Ein Einheimischer hingegen, außer er ist ein litauischer Jude, klärt bald jeden darüber auf:

„Unser Rat hat es nicht einfach mit der Arbeit. Stellen sie sich vor, um die 58 höheren und besseren Posten zu besetzen gab es im ganzen Lager nur 57 litauische Juden!"

Und spricht man mit ihnen selber, mit diesen Ratsleuten und Anführern, spielen sie sich mit erhobenem Finger auf: Ein Mensch muss doch schließlich auch einen Stift in der Hand halten können, und als gesellschaftlicher Verantwortungsträger sich auch ausdrücken können, und natürlich auch etwas zu sagen haben.

Litwak-Schweine, Ketzerkopf!

Man wird auch noch schriftlich Einspruch erheben, wo es nötig ist. Direkt bei General Eisenhower, und sogar bei Präsident Truman persönlich!

Wirklich ein Schtetl?

Blumen, Blumen...

Heute findet eine Konferenz im Lager statt.

Eine jüdische Konferenz, eine nationale, sicherlich die erste nach der Befreiung. Und hier mitten im Herzen des blutigen Sumpfs nach der Sintflut.

Menschen bewegen sich nach und nach zum Saal, eilen zum Eingang, um sich hineinzudrängeln. Einer versucht den anderen zu empfehlen, für ihn zu bürgen, man gibt sich Zeichen.

„Eine Saalkarte oder ein Eintrittsbillet!" Das Ordnungspersonal mit den blau-weißen Bändern ist streng.

„Es soll wohl kein Haar fehlen vom alten Schtetl!", deutet ein wolhynischer Jude in mittleren Jahren protestierend die ganze Zeremonie und entfernt sich kühl.

Drinnen im Saal ist alles festlich hergerichtet. Von den Wänden schreien farbige Plakate mit Parolen. In sich zusammengesunkene Skelette besetzen einzelne Stühle, andere sind leer oder mit zerfledderten Hüten belegt. Menschen spazieren langsam und steif umher. Einige drücken sich mit aufgerissenen Augen an den Wänden herum. Man studiert die Losungen und lernt ihre Bedeutungen. Ausgezehrte trockene Finger bewegen sich. Es gibt einen deutlichen Widerspruch zwischen der einen Formulierung und der anderen. Die Zielsetzungen, welche die rote Aufschrift dort diktiert, sind absolut nicht in Einklang mit der hellblauen! Und die graue dort bleibt ohnehin schon eine Ausnahme – ganz klar zu erkennen.

Es fehlt hier praktisch gar nichts von einem Schtetl.

Wirklich, fast gar nichts, fast...

Auch die erhöhte Tribüne ist mit Plakaten gesäumt, und ein Stück weiter vorn mit Blumen. Dicht mit Blumen geschmückt, zugestellt, vollgestopft, darin eingetaucht. Chrysanthemen, Veilchen, Hyazinthen, Vergissmeinnicht...

Seit wann ist bei den Juden der Diaspora eigentlich ein solcher Überfluss und eine solche Liebe zu Blumen üblich?

Aha – wartet nur, schaut es an, versteht es richtig, tiefer...

Ja, und seit wann herrscht in einer derart kleinstädtischen Atmosphäre eine so gedämpfte Stimmung? Eine so apathische Zurückhaltung, eine so eingetrocknete Stille?

Was – das ist ein Schtetl? Wie denn ein Schtetl? Wo gibt es so ein Schtetl?

Wo sind denn, sprechen wir es direkt an, die Kinder?

Hat man denn schon von einer Provinzstadt mit fünftausend Seelen gehört, ohne eine Spur von Kindern?

Eine Konferenz findet heute hier statt. Ein großes Treffen mit Reden und einem Konzert. Erwachsene Männer und Frauen ziehen langsam durch das Lager hierher, betagte Juden spazieren ruhig in Richtung des Saals. Wo aber bleiben die Jugendlichen und die Lausbuben, die Hauptakteure einer jeden solchen Veranstaltung im Schtetl? Überall wären sie doch herumgeschwirrt! Die beiden Ordnungspersonen am Eingang mit ihren farbigen Bändern hätten sie durcheinander gebracht. Und hätte man sie von der Tür weggejagt, wären sie schnell die Wände hochgeklettert, hätten sich in allen möglichen Ecken hinter den Kulissen, über der Szene versteckt, wo man sie nicht sieht, sich gegen diese Störenfriede und Spaßvögel nicht wehren kann.

Ihr Jugendlichen, Lausbuben, Spaßvögel – wo seid ihr?

Die Bühne ist mit Blumen geschmückt. Und dort rechts über den leuchtenden Gewächsen eine schwarze Säule mit der Aufschrift:

Erinnere Dich, was Amalek Dir getan!

Duftet ihr nicht, weiße Chrysanthemen, irgendwie nach einem Ersatz für unsere Blumenseelen, den Blumen unseres Lebens?

Blumen, Blumen...

(...)

Blumen, Blumen...

Es herrscht ein Überfluss an Blumen in allen jüdischen Lagern. Hände, die einmal die von Müttern und Vätern gewesen sind, passen auf sie auf, verwöhnen sie. Niemand soll sie heimlich und unerlaubt pflücken! Die kleinen Lausbuben spielen nicht mehr Heiraten, und die kleinen Mädchen mit verschmitzt funkelnden Augen kokettieren nicht mehr mit ihren halbwüchsigen Freunden. Sie waren es doch, die – als wären sie ganz naiv – jene Schlingel mit leuchtenden und duftenden Blumen neckten, sich einen Weg durch sie bahnten und die Jungenspiele störten, sich von den gewiefteren einen Stängel aus dem Strauß reißen ließen, um danach schluchzend und schreiend durch die Straßen rennen zu können: „Wartet nur, ihr Banditen, wir werden euren Müttern alles erzählen!" Wachst, Blumen, gedeiht jetzt ruhig; ihr seid unsere Sprösslinge!

Und die stolzen Kastanien können jetzt im Herbst auch das schwere reife Joch ihrer voll beladenen Zweige tragen. Keiner bedient sich heimlich an ihnen; keine wach glänzenden dunklen Augen schielen begehrlich nach ihnen und können mit ihren leichten Körpern über Zäune hinweg zu den verlockend glänzenden Früchten hochklettern. Jetzt können die so kindisch begehrten Kastanien rund um den stolzen braunen Stamm auf dem blutgetränkten Boden vor sich hin faulen!

Keine Spiele und keine Kinderfreude.

Blumen, Blumen...

Sitzen irgendwo in einer Münchener Straßenbahn zwei geschminkte deutsche Frauen. Jede mit einem Kind auf dem Schoß. Nachdem sie sich gegenseitig von den Fähigkeiten ihrer „Püppchen" erzählt haben, beginnen sie aus Langeweile die Mitfahrenden ringsum anzuschauen. Eine schleudert verächtliche Blicke auf eine jüdische Frau in der anderen Ecke und flüstert dabei ihrer Nachbarin ins Ohr: „Die ehemaligen KZler putzen sich mit geblümten Kleidern heraus. Keinerlei modischer Geschmack."

Es wäre vielleicht angebracht gewesen, diesen zwei ausgeruhten Köpfen ein Bild vorzulegen. – Zum Beispiel: Eine strenge Wache führt sie irgendwo auf einen Platz, den beiden, den Müttern, befiehlt man nach rechts zu gehen, und die Kinder nimmt man ihnen weg und schleudert sie nach links, usw. Keine „Püppchen" mehr – ein für alle Mal!

Ha, ihr scharfäugigen Gretchen, ihr Modeschönheiten, was für einen Geschmack und was für einen Kleiderstil hättet ihr, ja genau ihr, dann gehabt?

Blumen, Blumen...

(...)

Malascha Mali

Du...

Ich begegnete dir da, wo sich viele Juden heutzutage begegnen: Auf Wanderschaft. Du. Bis zu jenem Tag warst du für mich ein völlig Fremder, und heute bist du so vertraut, so mit Banden der Liebe an mich gebunden.

Zuerst fielst du mir in der Menschengruppe, die gerade erst im Durchgangslager eingetroffen war, überhaupt nicht auf. Ich sah bloß das Kindchen in deinen Armen, wie es sich auf einen Becher Wasser stürzte und trank, hastig, gierig wie ein Erwachsener und den Becher nicht mehr loslassen wollte.

Ich – einen Tag früher angekommen, „ausgeruht" und im Lager „eingesessen"– schenkte ihm ein wenig Tee aus meiner Flasche ein. Das Kind hatte das Wasser schon bis auf den letzten Tropfen ausgetrunken und streckte gierig die Händchen nach dem Tee aus, den ich ihm schnell in einem improvisierten Gefäß reichte, einer Konservendose, glaube ich.

Und wieder trank es, das kleine Menschlein, mit einem Ausdruck konzentrierten Eifers auf seinem Gesichtchen und sogar in den Händchen, die sich krampfhaft um die Dose mit dem süßen Nektar klammerten.

Das Kind gab sich ganz dem süßen Genuss hin. Nur die leidvolle Grimasse, die während des Trinkens immer wieder über seine zarten Züge huschte, zeigte deutlich die Angst, dass ihm die unverständlichen Gesetze der Erwachsenen den Becher mit dem ersehnten Getränk jederzeit von den Lippen reißen könnten, noch bevor der letzte Tropfen so lustvoll in seinen Hals geflossen war.

„Wirst du etwa zum Säufer, mein Sohn?", versuchtest du zu scherzen, ein wenig verlegen, weil dein Fratz die Teeflasche leerte, die doch meiner kleinen Tochter gehörte.

Ich konnte nicht mit einem freundlichen Wort kontern, denn meine Augen wurden verdächtig feucht, und ich hatte nur eine Sorge: Die Tränen sollten nicht vor fremden Augen über mein Gesicht laufen.

Im Durst deines Kindes, das so sehr nach einem kühlen Getränk gierte, erkannte ich noch deutlicher die Gemeinsamkeit unseres Schicksals, des vergangenen und des zukünftigen: Erst einen Tag war es her, dass sich meine Tochter wie besessen auf den kühlen Quell in der Dose gestürzt hatte, genau wie dein Sohn, ohne das Gefäß mit ihren kleinen Händchen wieder loszulassen. Und ihre Sehnsucht würde sie auch morgen wieder zu jedem kümmerlichen Schluck Flüssigkeit ziehen, denn wenn der Gaumen durstig ist, schmeckt alles köstlich.

Bald aber kam Chanele, deine Frau. Sie war weggegangen, um ein wenig Tee für das Kind zu organisieren. Meine Gedanken verloren sich irgendwo.

Wir blieben dann eine Zeitlang zusammen. Während wir auf unsere Weiterreise warteten, teilten wir eine Baracke, wo wir uns gegenseitig das Herz ausschütteten, nackte Verbitterung über den Churbn.

In schlaflosen Nächten und sinnlos verbrachten Tagen vertrauten wir uns gegenseitig viele Erinnerungen an die Vergangenheit an; machten Pläne für die Zukunft, die mit dem Ende des Herumwanderns für uns beginnen sollte. Wir wichen den Grenzen aus, wechselten von Zeit zu Zeit den Ort. Und immer wieder – Warten. Und der große Sternenwagen der Brichah stand auch am Himmel, bereit für weite Reisen.

Die Abende waren tiefblau und durchsichtig, wie Kristallpokale, die sich zum Trinken anboten.

Die Sterne winkten uns so fröhlich zu wie in unserer Kindheit, aber unseren Herzen blieb dieses Winken gleichgültig. Sterne, diese himmlischen Vögel, funkelten ihr Hohelied für uns. Oh, wie schön hätte es sein können auf der Wanderschaft, wenn nicht all das gewesen wäre, das vergangen war und nie mehr zurückkommen würde, wenn nicht all das gewesen wäre, das wir verloren hatten und niemals zurückbekommen würden.

Unendlich, so kommt es mir vor, zog sich die Zeit des Wartens hin. Du gabst dir Mühe, sie uns mit deinen schönen Plaudereien zu verkürzen.

Die Zeit kroch auf allen Vieren und war nicht fähig, den Buckel unseres Leids mit sich zu schleppen.

Nur du, einer im Tross der kleinen Schicksalsgemeinschaft, mühtest dich ab, unsere Trauer in ein Lied aus Worten zu verwandeln.

Wenn wir die Kinder endlich ins Bett gebracht hatten, pflegten wir, ich und Chanele, auf unseren Pritschen zu liegen, oder, an schönen Abenden, an der Wand vor der Baracke zu sitzen. Und du erzähltest: eigene Erlebnisse oder einfach Wundergeschichten über menschliche Schicksale.

„Wer flüstert dir all diese Geschichten ein?", fragte ich, ohne meine Bewunderung zu verstecken.

„Der Wind trägt sie mir in seinen Rockschößen zu... Hm, weißt du denn nicht, dass ich eigentlich ein Dichter bin?", scherztest du. „Nur dass Gott vergessen hat, mir ein wenig Talent mit auf den Weg zu geben."

Ho-ho! Was für Erzählungen habe ich alle in mir aufgesogen damals, als wir zusammen waren.

Nur – du warst nicht immer gesprächig: Manchmal, wenn die Dämmerung sich so bang über die Blumen legte, hüllte sich dein Gemüt in eine Wolke aus Schweigen.

In solchen Nächten träumte ich nicht wie sonst von der Nüchternheit deines Redens, sondern vom Wahnsinn des Schweigens. Und vielleicht hat es mir nicht weniger gesagt, dein Schweigen, als die schönsten Worte?

Binyomin Elis

Ein Wurm

Woche für Woche war Hillel Zajonts damit beschäftigt, irgendeinen Menschen aus seiner Verwandtschaft ausfindig zu machen. Woche für Woche ließ er durch die Lagerzeitungen wissen, dass er aus Russland zurückgekehrt war, sich da und da befand. Aber nicht bloß in den Zeitungen suchte er, auch auf den Straßen, in der Straßenbahn, mit welcher er jeden Morgen früh durch die rauschende Stadt zum Komitee fuhr.

Beim Gebäude des Komitees stand er stundenlang, erforschte stundenlang mit seinen wasserblauen Augen die Gesichter von Männern und Frauen, die hektisch irgendwohin eilten. Und wenn jemand vorbeihastete, lief er ihm zerstreut hinterher, als hätte er tatsächlich denjenigen entdeckt, den er gesucht hatte.

„Hillel, bist du es?", wurde er einmal, als er gerade jemanden hinterherlief, von einem jungen Mann abgefangen und umarmt. Der junge Mann hatte ihn so unerwartet umschlungen und sein Gesicht mit Küssen bedeckt, dass es Hillel nur gerade gelang, ein paar kleine gojische Augen zu sehen und ein unrasiertes Gesicht zu küssen, ohne im ersten Moment zu wissen, wen er da zurückküsste.

Doch als Hillel in dem kleinäugigen jungen Mann den Sohn seiner Tante Lea aus Warschau erkannte, erwachte Freude in seinen Augen. Berauscht von Glück begann er den Cousin wieder und wieder zu küssen. So als ob mit dem Cousin eine verschwundene Welt vor ihm wiederauferstanden wäre.

„Wer hat noch überlebt?", begann er nach Familienangehörigen zu fragen.

„Seit ich hier bin, suche ich überall, schreib überall hin – keiner meldet sich. Als ob ich in einer Wüste geboren worden wäre…"

„Wer soll sich melden? Die Asche aus den Verbrennungsöfen?"

Und obwohl Borech mit diesen Worten schon alles beantwortet hatte, ließ Hillel nicht locker und fragte noch einmal nach seinen Warschauer Verwandten. Und bei jedem Namen, den Hillel erwähnte, oder an den er sich mit Anstrengung zu erinnern versuchte, seufzte Borech traurig, als würde er mit dem Seufzen ein Kaddischgebet für die Genannten sagen.

Und die Freude erlosch in Hillels Augen, als hätte man ihn von einem Fest auf ein Begräbnis geführt. Seine Knie wurden schwach, als Borech ihn Stock für Stock immer höher hinaufführte. In der vierten Etage gingen sie durch einen langen, ruhigen Korridor, von dem viele Türen abgingen. In jedem Stockwerk öffnete sich eine andere Tür. Die Augen einer Frau schauten neugierig aus jeder geöffneten Tür, und so still, wie sie dort erschienen, so still und schnell verschwanden sie auch wieder. Danach befand sich Hillel in einem kleinen Zimmer mit niedriger Decke.

Das Zimmer war drei Schritte breit, vier lang. An der Wand stand ein Holzbett, über das eine graue Wolldecke gebreitet war. Ein Sofa mit vielen bestickten Kissen an der zweiten Wand.

„Setz dich", sagte Borech und deutete auf das Sofa. „Ich habe dir etwas zu geben."

„Was denn?", fragte Hillel neugierig, „ha?"

Er, Borech, sah auf einmal so grüblerisch aus, als müsste sich etwas in ihm überwinden, als sei da etwas, das tief verborgen war, etwas, das verborgen bleiben musste. Das weckte Hillels Neugier noch stärker. Aber bevor es ihm gelang, noch etwas zu fragen, reichte ihm Borech ein Stück vergilbtes Papier. Auf dem Papier waren einige hingeworfene, teilweise unleserliche Zeilen. Als Hillel ihren Inhalt zu verstehen begann, fingen die Buchstaben vor seinen Augen an zu tanzen. Sein Blick verschleierte sich. Er konnte schließlich gar nichts mehr sehen und wie in einer Ohnmacht ließ er sich mit dem Papier in der Hand auf das Sofa fallen.

„Ist das möglich?", fragte er Borech, als er wieder zu sich kam. „Eine von uns selber, meine Schwester? Ist das möglich?"

Er stand vom Sofa auf, begann wie im Fieber in dem kleinen Zimmer auf und ab zu gehen und jedes Mal, wenn er die kaum lesbaren Worte „An alle Juden im Ghetto" las, befiel ihn eine solche Nervosität, eine solche Aufregung, als hätte ihn jemand vor Stunden dort eingeschlossen und er ganz dringend irgendwo hin gemusst hätte, ohne die Tür öffnen zu können.

„An alle Juden im Ghetto", fing er noch einmal zu lesen an, „Wir setzen Euch darüber in Kenntnis, dass eine blonde junge Frau aus Eurer Stadt... Ihren Vornamen, ausgelöscht soll er sein, kennen wir nicht... Dafür ist uns aber bekannt, dass ihr Vater Naftole Zajonts heißt... Ein angesehener Lodzer Jude... Diese Verbrecherin, seine Tochter... steht im Warschauer Hauptbahnhof und liefert unsere gejagten, aus den Ghettos geflohenen Brüder aus."

„Ist das möglich?" Er schaute Borech verzweifelt an.

Borech stand verloren da, von Gewissensbissen geplagt, weil er sich so damit beeilt hatte, seinem Cousin den Brief zu übergeben. Und jedes Mal, wenn Hillel von neuem den Brief las, seufzte er verloren, als hätte er alles erst jetzt zum ersten Mal gehört. Und jedes Seufzen, das sich ihm entrang, kam Hillel vor wie ein Echo der Seufzer jener Verschleppten, die seine Schwester den Peinigern ans Messer geliefert hatte.

Und wieso? Wieso hat sie das getan? Wie ist sie dazu gekommen? Wie ist sein gelehrter Vater zu so einer Tochter gekommen?

Und wie ist seine Mutter zu so einer Tochter gekommen?

Denunziation war seinen Eltern genauso zuwider, wie Raub oder Mord. Und genau so, wie sie ihren Kinder einschärften, nicht zu stehlen und zu morden, so brachten sie ihnen auch bei, nicht zu denunzieren.

Und jetzt? Was war das Ergebnis dieser Erziehungsarbeit? Wie ist er zu so einer niederträchtigen Schwester gekommen?

„Ist das möglich? Kann das nicht ein Irrtum sein? Woher hast du den Brief?"

„Der Brief wurde mir übergeben. Das ist eine lange Geschichte."

„Und wo ist sie?"

„Sie kommt hierher. Auch heute wird sie kommen."
„Und ihr gegenüber schweigst du?" Hillel wurde von Borechs Gleichgültig-keit angestachelt. „Und du hast sie leben lassen?" Und genau so, wie es für ihn einen Augenblick zuvor schwer zu glauben war, dass Gitl für die Gestapo gearbeitet hatte, so konnte er in seinem Zorn das Schweigen seines Cousins nicht verstehen. Wie kann man so etwas ver-schweigen? Er rang nach Luft. Nicht nur Gitl war eine Verräterin, sondern auch er, Borech, hatte sich der Schande preisgegeben. Wie konnte er bis heute schweigen?

„Wieso bist du untergetaucht? Wofür? Um auf die Stunde der Rache zu war-ten – oder um jetzt DP-Zuteilungen zu bekommen? Um dich in einem DP-Bett auszuruhen? Und die Verräter sollen noch zu uns kommen!"

Für Borech kamen die Vorwürfe seines Cousins so unerwartet wie ihr uner-wartetes Zusammentreffen heute. Er blinzelte schuldig mit seinen gojischen Augen, wie ein Kind, das gescholten wird wegen einer Prüfung, wegen einer nicht gelösten Aufgabe.

„Du sprichst wie ein Richter", brachte er stammelnd hervor.

„Wirklich wie ein Richter!", rief Hillel aufgeregt aus. „Wer denn, wenn nicht wir? Wir selbst müssen die Richter sein. Die Verräter soll man auf offener Straße erschlagen."

„Sollte es dazu kommen, wirst du anders reden. Ich habe auch anders gedacht, als ich gehandelt habe."

Seine Worte wurden plötzlich unterbrochen, als es an die Tür klopfte. „Hier kommt sie", rief Borech aus. Aber von dem „Hier kommt sie" drehte sich Hil-lel der Kopf. Dann sah er blaue Augen und unter einem marineblauen Damen-hut ein Büschel helles Haar, geschminkte Lippen, gepuderte Wangen, so weiß, als hätte jemand zwei Handvoll Mehl hingeklatscht.

Hillel fiel es schwer, ihr die Hand zu reichen, er blieb auf wackligen Bei-nen stehen. Und als die weißgepuderten Wangen und die geschminkten Lippen sich an seine Brust warfen, hallte das Klappern von Damenabsätzen nach, und ein Stuhl knallte zu Boden.

Nachdem ihr Bruder sie von sich gestoßen hatte, blieb Gitl wie angewurzelt an der Wand stehen. Sie fing lauthals an zu jammern und hielt sich die Hände schützend vors Gesicht.

„Hillel, ich will das nicht!", rief Borech, und zog Hillel von seiner Schwester weg. „Ich will das nicht… nicht bei mir zu Hause… nicht bei mir zu Hause!"

Aber Hillel hörte ihm nicht zu. Mit jedem Schreikrampf, dem Angstgeschrei, den Gitl fluchend herauspresste, wurde Hillel noch gereizter, noch rachsüch-tiger, als hörte er in ihren krampfhaften Ausbrüchen nicht die Todesangst und das Geschrei seiner Schwester, sondern das jener Verschleppten, die sie an die Gestapo ausgeliefert hatte.

„Kennst du das?" Er griff nach dem Brief und streckt ihn ihr hin. „Ob du das kennst?"

Unruhig bückte sich Borech und hob einen zerdrückten Hut vom Boden auf. Er war von Gewissensbissen gequält. Er wurde von Mitleid mit der kleinen Cousine ergriffen, als er ihr düsteres, verzerrtes Gesicht sah, ihr zerzaustes Haar, wie sie ohne Stimme krächzte.

„Sie kennt das schon", ließ er Hillel wissen, als wolle er ihn damit beruhigen.

„Wieso antwortest du nicht?", schrie Hillel der Schwester aufgeregt ins Gesicht. „Ist es wahr, was hier steht? Ob das wahr ist? Die Denunziation? Mit der Gestapo? Mit den Mördern unserer Eltern?"

Er wischte sich den Schweiß von der Stirn und keuchte heiser: „Und du willst noch leben? Mit beschmierten Lippen? Du besitzt die Frechheit, leben zu wollen?"

„Es ist nicht wahr..."

„Was ist nicht wahr?" Er begann sie an den Haaren zu reißen.

„Es ist nicht wahr", antwortete Gitl hasserfüllt, hasserfüllt und trotzig.

„Was ist nicht wahr?" Seine Stimme zitterte. „Ist nicht wahr, was du getan hast? Ha? Mit wie vielen Juden hast du bezahlt? Du besitzt noch die Frechheit, leben zu wollen? Ha?"

„Und du sei nicht mein Richter", schlug sie mit noch mehr Hass und Gift zurück. „Du kannst mich an die MP ausliefern..."

„Wie? MP? MP? So einen Wurm an die MP?"

Ihr Geschrei übertönte seine Worte. Und schon war seine Schwester schreiend auf den Korridor gerannt. Er lief ihr nicht hinterher. Irgendetwas erlosch ihn ihm, als wäre sie nicht weggelaufen, sondern als hätte sie sterbend zu seinen Füßen gelegen.

Yitskhok Perlov

Unsere Kinder

Kennst du die Trümmer in Europa?
Auf Holz und Eisen, Ziegeln, Glas
Sprießt hier saftig wie auf Wiesen
Frisches Gras.

Ein junger Baum saugt seine Nahrung
Aus rostig-rotem altem Blech.
Auf dem Kamin sind rote Blumen
Aufgeblüht und lächeln frech.

Ruinen haben ihren Frühling
Erblühn mit Trümmer-Energie.
Und die Menschen hier im Lager
Sind Ruinen so wie sie.

Komm, sieh die menschliche Ruine
Wie sie in der Sonne blüht.
Kinder wachsen wie die Blumen
Die man auf Fensterbrettern zieht.

Was soll's denn, wenn der Partisane
Sich mit nur einer Lunge quält?
Und wenn ihr bis in den Ofen
Nur ein Metersprung gefehlt?

Die UNRRA schickt Konservendosen.
Leidenschaftlich saugt das Kind.
Sammelt Kräfte um zu wandern
Mit dem Wind.

Mates Olitski

Das Lager im Tal

Es geschieht ganz oft, dass das Lager im Tal
Für mich aussieht wie ein Saal im Spital.

Die steinerne Mauer mit vier hellen Wänden
Mit Türen und Fenstern, die nach außen sich wenden.

Die Blocks sind wie Betten in Reih und in Glied
Die ein sauberes Laken aus Schnee überzieht.

Die Bäume nur Schatten, nebenan aus dem Wald.
Etwas Weißes geht um in Schwesterngestalt.

Kranke sind wir. So tragen wir nun
Das Elend von alten, verworfenen Schuhn.

In uns nagt der Wunsch nach dem eigenen Hemde
Das schäbig geworden mit uns in der Fremde.

Kranke sind wir vom bitteren Gewein
Wie's die Menschen oft plagt, sind sie ganz allein.

Wir gehen ganz langsam, wie man geht im Spital
Und reden im Fieber vom „So-war-es-einmal".

Yitskhok Perlov

Unsere Nächte

Durchs offene Fenster, Nacht für Nacht
Rauscht der Baum mit seinen Blättern.
Sie kommen zu mir, Nacht für Nacht
Wie zu später Stunde Schatten:
Meine vergaste Mutter.
Meine erschossenen Schwestern.
Mein hingeschlachteter Onkel.

Setzen sich auf den Boden, stumm
Wie Wanderer um mein Bett herum.
Der Baum wiegt sich in seinen Zweigen.
Die Schatten wiegen sich und schweigen.

Die Mutter seufzt aus tiefster Seel
Wie Gräser seufzen in der Nacht:
Da ist er, Itzele, mein Juwel
Den ich in diese Welt gebracht.

Und die bei ihm liegt, Leib an Leib
Das ist sein angetrautes Weib.

Hab ihre Hochzeit nicht gesehen
War nicht bei ihr in ihren Wehen
Konnt sie nicht trösten, konnt ihr nicht die heiße Stirne kühlen.
Sie war allein mit ihrem Schmerz
Allein mit ihren Gefühlen.

Und das Kindchen mit dem hellen Haar
Nackt in der Wiege und gerade erst geboren
Ist meine Fortsetzung.
Die unglücklichste Generation
Die jemals den Blutbund als Juden beschworen.
Ein langes Leben, mein Enkel, mein Sohn!

Rund um die Uhr, auf allen Wegen
Wacht die Mutter und begleitet
Uns mit einer Toten Segen.

Als Kind schon war ich voller Angst
Vor Toten, bin in Schweiß gebadet.
Sehe gelb und grün schillernd im dämmrigen Licht
Meiner vergasten Mutter Gesicht.
Sie kniet. Hält wie ein Priester ihre Hände
Wirft wiegende Schatten an die Wände.

Doch meine Schwestern klagen jetzt ihr Leid.
Mit aufgescheuchtem Flattern fragen sie:
Warum war uns beschieden vor der Zeit
Dass man zur Schlachtbank uns getrieben hat wie Vieh?
Wir hielten unsre Leidenschaft zurück.
Wir blieben keusch, so wie sich das gehört.
Doch Gott vergönnte uns kein Eheglück.
Für alle Zeit ist unser Stamm zerstört.
Wo hat die Fortsetzung jetzt ihren Ort?
Ist sie ein Waisenkind, das sich im Traum verlor?
Ein Blitz nimmt unsre Tränen mit sich fort
Und trägt sie in den Himmel hoch empor.

Mein invalider Onkel mischt sich ein
Klopft auf den Boden dumpf mit seinem Gummibein.
Nu, scha! Die Kinder schlafen süß!
Seid endlich still und weckt sie nicht!
Und kreidebleich ist sein Gesicht
Wie damals, als ihn seine Frau verließ.

Und irgendwo beginnt ein Hahn zu krähn.
Der Baum lässt einen Ast ins Fenster wehn
Rauscht mit seinen Blättern eine Warnung in die Runde.
Meine vergaste Mutter, mit gesenktem Kopf
Meine erschossnen Schwestern mit verweinten Augen
Mein hinkender, erschlagner Onkel
Sie stehen wie Spione auf und gehen
Und wandern weg von mir zu später Stunde.

Bewegungslos und starr ist jetzt der Baum.
Eine verletzte Taube ist mein Traum.
Noch flattert sie am offnen Fenster… Dann
Erwacht im Fieber des Gemüts
Der letzte Nachhall eines Lieds.
Das Lied vom Juden
Der des Nachts nicht schlafen kann.

Yitskhok Perlov

Todesengelchen

Ihr habt uns mit dem Tod vermählt.
Wir haben ihn mit unsern Körpern beseelt.

Er hat in uns seinen Samen gesät.
Der Tod ist fruchtbar und mehret sich stet.

Ein Todesengelchen kam auf die Welt
Hat sich schon bald auf die Füße gestellt.

Es eilte schon bald über Stadt, über Land
Benötigte kein Hemd, nur ein Schwert in der Hand.

Die Engel des Todes vermehrn sich im Nu.
Sie brauchen nicht Windeln, sie brauchen nicht Schuh.

Verstehen das Eilen mit keckem Gemüt.
Sie singen vom Mann mit der Sense das Lied.

Es geht ohne Grenzen durch die Welt hin und her
Brauchen keine Geleise und Schiff übers Meer.

Sie erreichen die Dörfer, die Städte mit Macht
Deinen Tisch bei der Mahlzeit und dein Bett in der Nacht.

Hört man nur von weitem der Engelchen Schritt
Dann erstarren die Blicke, und jeder geht mit.

Es wird leer in den Dörfern, die Städte sind leer.
Dann kommt ihr verzweifelt und flehend hierher.

Was soll diese Plage? Wir lassen euch ziehn!
Sucht euch einen Moses und hört auch auf ihn.

Durch gespaltenes Meer in die Wüste hinein.
Nur lasst uns Ägypter Europas allein.

Wir haben geglaubt, dass der Tod auf der Erd
Nicht fruchtbar sein kann uns sich auch nicht vermehrt.

Und dass er bestimmt nicht auf uns irgendwann
Als Heuschreckenwolke zurückschlagen kann.

Ihr schenktet dem Tode zum Bund unsre Hand?
Jetzt haben wir euch seine Kinder gesandt.

SPÄTER

Malascha Mali

Kleiner Epilog

Jetzt hastest Du wieder über Wege, die dich mit Chanele und dem Kind zusammenführen sollen.

Und über Dir – die Sterne.

Wie unter Tränen pulsiert in meinem Herzen dein Schicksal bis heute, und ich weiß nicht mehr, ob das alles wahr ist. Hast Du mir die Geschichten deines Wanderlebens eingetrichtert, oder habe ich sie mir selber ausgedacht, in einer schlaflosen Nacht, wenn alles diffus und unscharf ist – einfach nur Trauer. Nur, spielt es denn überhaupt eine Rolle?

Auch ich bin wieder unterwegs.

Und über mir – dieselben Sterne.

Manchmal finde ich unterwegs deine Spur. Ich weiß: Wir werden uns wieder begegnen, denn alle Wege führen *dorthin…*

Aus einem Gruß, einem Brief, aus deinem Namen, irgendwo an eine Wand geschrieben, sammle ich den Staub deiner Wege – und bald schon habe ich deinen ganzen Weg zusammen.

H. Binyomin

In einem Haus in der Fremde

Daliegen spät in der Nacht und den Schlaf doch nicht finden.
An zu viele Tote erinnert der Mond dich mit blassblauem Blick.
Mit viel zu viel Trauer klopft an die Fenster der Wind von den Wegen.
Und so viel Zerstörung weht dir von der Mauer dort drüben entgegen.
Und irgendwo findet ganz fern eine Mutter zum Schlaf nicht zurück.

Daliegen, nicht fähig, den nagenden Kummer in dir zu bezähmen.
Nicht einen Tropfen Gefühl quetschst du dir aus dem Herz.
Da ist keine Trauer, um sie gleich gestimmt mit dem Mond zu empfinden.
Da ist über Sodoms Zerstörung in dir keine Freude zu finden.
Da ist nicht einmal von der Sehnsucht der Schmerz.

Daliegen spät in der Nacht und den Schlaf doch nicht finden.
Noch mehr allein als die Lampe im peitschenden Regen
Die wenigstens liebevoll wacht über endlosen Wegen.
Noch mehr allein als ein einsamer Windstoß an formloser Mauer
Der wenigstens heult wie ein Tier voller Schmerz, voller Trauer
Und noch mehr allein als vom Haus, das zerstört ist, ein Stein
Der versteckt doch zumindest sein Leid in den schützenden Boden hinein.

Da liegen im Griff der Schlaflosigkeit
Gefühllos daliegen
Und sehen
Mit kindlichem Eifer
Träumt die Welt
Hofft die Welt
Liebt die Welt
Und gegen das Zittern vor Kälte
Ist nichts da, an das man sich hält.

Daliegen spät in der Nacht und den Schlaf doch nicht finden.
In den Trost sich zu wiegen und doch nicht den Trost zu empfinden
Dass die Sonne irgendwo scheint, dass die Welt ihren Lauf nimmt
Dass ein Stück von der Welt irgendwo meine Müdigkeit aufnimmt
Dass eine Zeit einmal kommt, eine Ruhe im Ganzen
Wo du den Drang in dir spürst, ein Beet voller Blumen zu pflanzen.
Dass ein Gras wieder wächst, irgendwo in der Weite der Zeit
Von dem man in schlaflosen Nächten erhofft, dass es wächst und gedeiht.

Weil doch durch eigene Hand dieses Gras aus der Erde gesprossen
Weil doch dafür von der Mutter manch salzige Träne geflossen.
Eine vertraute Gestalt schmiegt sich an dich, hat dich gern.
Vom ersten Gefühl überrascht scheint das Herz in der Brust sich zu heben.
Von der Flut der Empfindung erfasst, beginnt es zu schlagen, zu beben...
Wie nah ist ein eigener Grashalm. Und ein Haus in der Fremde wie fern.

Meir Halpern

Später

Später wird mein Lied ein Trost sein
Für den Einsamen, für den Armen.
Meine Worte wie ein Lichtstrahl
In der Blindheit ringsumher.

Später wird mein Weg ein Licht sein
Für den Wanderer, für den Müden.
Meine Schritte abgeschritten
In der Finsternis allein.

Später wird mein Glaube Halt sein
Für den Hilflosen, für den Schwachen.
Ausgehaucht hat meinen Atem
Eine große Einsamkeit.

Später wird mein Traum zur Wahrheit
Für den Wanderer, für den einen.
Wird an meine Zeit erinnern
Wie die Mutter an das Kind.

Mendel Mann

Wenn die Tage der Schiwe vergangen sein werden

Für Menasche, Jerusalem

Wenn die Tage der Schiwe vergangen sein werden
Komme ich zu dir.

Du wirst wartend an deiner Schwelle schon stehen
Wirst mich mit einem Krug Wasser begrüßen.
Wir werden den Spiegel des Himmels sehen
Ich wasch mir die Hände. Den Staub von den Füßen.

Dann wirst du mich in dein Haus hineinführen.
Wir essen vom Brot, das bereit schon gestellt.
So einfach und leicht wird die Ankunft passieren
Wie durch das Fenster das Licht herein fällt.

Mordkhe Libhaber

Ein Segensspruch

Du misst die Meilen mit den Füßen
Sammelst den Staub von jedem Weg.
Und wenn du müde bist vom Wandern
Schenkt Ruhe dir ein fremder Baum.

Ein fremder Ort wird eine Heimat
Dir sein, die dich als Gast empfängt.
Musst nie mehr schlafen auf der Straße
Ganz einsam unter kaltem Stern.

H. Binyomin

Widmung

Komm, web dich wie ein Faden
In meine Tage ein.
Lass mich auf allen Pfaden
Stolz auf mich selber sein.

Ich wär so gern die Garbe
Von deinem goldnen Schnitt.
Mein Lied nähm gern die Farbe
Aus deinem Lachen mit.

Mein Herz: ein trockner Brunnen.
Doch tief darin ein Quell.
Komm, schenk ihm deine Sonne
Das Herbstlaub golden hell.

Hol mich aus meinem Fieber
In deinen Schoß hinaus.
Die Gnade deiner Liebe
Füll meine Leere aus.

Zu Staub zerfiel mein Leben
Auf einem Gräberfeld.
Mach daraus reife Reben
Von Sonnenlicht erhellt.

Erhelle jeden Schatten.
Komm, Glück, und sei mir treu.
Umhüllt von Deinem Atem
Bin ich dann endlich frei.

ANHANG

Anmerkungen

Meyer-Ber Gutman: Armes Jiddisch

Schma Jüdisches Glaubensbekenntnis
Kadye Kadye Molodowsky, jiddische Dichterin und Schriftstellerin (Bereze 1894–
Philadelphia 1975)
Drei Geschenke Bekannte Erzählung des klassischen jiddischen Schriftstellers
Jizchok Lejb Peretz (Zamość 1852–Warschau 1915)
Sore bas Toyvim Verfasserin von jiddischen Bittgebeten für Frauen, so genannte
Tchines (18. Jh.)

Meylekh Tshemni: Ihr Andenken sei zum Segen!

In der Erzählung genannte Schriftsteller:
Mikhl Burshtin (Błonie 1897 – Dachau-Kaufering 1945)
Feliks Fridman (Warschau 1897 – Ghetto Warschau 1942)
Yerakhmil Grin (bei Kolomea 1910 – Zwangsarbeiterlager Lemberg-Janowska 1944)
Sanye Hayferman (keine Daten bekannt, Bruder von Yerakhmil Grin)
Shimen Horontshik (Wieluń 1889 – bei Kałuszyn 1939)
Lazar Kahan (Goldingen [Kuldīga] 1885 – Shanghai 1946)
Dovid Kenigsberg (Busk 188[2?/9?] – Ghetto Lemberg[?] 1942[?])
Moyshe-Mikhl Kitai (Riga 1886 – Riga 194[2?/4?])
Yehoshua Perle (Radom 1888 – Auschwitz-Birkenau 1943)
Berl Pomerants (bei Pinsk 1902 – [?] 1943)
Noyekh Prilutski (Berdichev 1882 – Vilnius 1941)
Avrom Ptashkin (Mrozi bei Warschau 1902 – Usbekistan [?] 1943[?])
Moyshe Shimel (Lemberg 1903 – Ghetto Lemberg [?] 1942)
Shloyme Shteynbarg (keine Daten bekannt)
Yankev Shudrikh (Uhnów 1906 – Lemberg 1943)
Moyshe-Yosl Smolorzh (Chmielnik 1907 – Treblinka 1942)
Shaul-Yitskhok Stupnitski (Bielsk 1876 – Otwock [?]/Ghetto Warschau [?] 1942)
Misha Troyanov (Troyanovski) (Dąbrowa Górnicza 1906 – Otwock 1942)
Borekh Tshebutski (Kałuszyn bei Warschau ca. 1895 – Ghetto Warschau 1941)
Sh. Zaks (Okmian bei Kiew 1873 – Warschau 1939)
Shmuel Zaromb (Moyshe-Tsvi Fayntsayg) (Brok bei Ostrów Mazowiecka 1896 – [?]
1942)
Hersh-Leyb Zhitnitski (Sieradz 1891 – [?] 1942)

Meyer-Ber Gutman: Nicht ich

Kaddisch (Josem) Hebräisches Trauergebet

Meyer-Ber Gutman: Prozession

TSYSHO Tsentrale yidishe shul organizatsye, Organisation säkularer und sozialistisch ausgerichteter jüdische Grundschulen im Polen der Zwischenkriegszeit
Tarbut Netzwerk säkularer und zionistisch ausgerichteter Erziehungseinrichtungen im Polen der Zwischenkriegszeit
Talmud-Toyre Öffentliche religiöse Grundschule

Mendel Mann: Ukrainer

Tallit Gebetsschal
Tfillin Gebetsriemen

H. Binyomin: Es steht ein Haus an der Auschwitzer-Straße

Dror Sozialistisch-zionistische Jugendorganisation

Meyer-Ber Gutman: An die Hure Deutschland

Irma Grese Deutsche Aufseherin in den Konzentrationslagern Ravensbrück, Auschwitz-Birkenau sowie Bergen-Belsen, 1945 zum Tode verurteilt
Josef Kramer Deutscher SS-Führer und Lagerkommandant in verschiedenen Konzentrations- und Vernichtungslagern, zuletzt in Auschwitz-Birkenau und Bergen-Belsen, 1945 zum Tode verurteilt

Hershl Vaynroykh: Landschaft…

Goles Jiddische Bezeichnung für Diaspora
Petliura-Pogrom Pogrom in der Ukraine 1919

Hershl Vaynroykh: Das Gebet im Zug

HIAS Hebrew Sheltering and Immigrant Aid Society, jüdische Auswanderungshilfsorganisation, 1927 in New York gegründet

Yitskhok Perlov: Acht Zeilen

Hagana Paramilitärische Untergrundorganisation während des britischen Mandats in Palästina bis zur Staatsgründung Israels

Yitskhok Perlov: Schejres Haplejte

Joint American Jewish Joint Distribution Committee, amerikanisch-jüdische Hilfsorganisation

Baruch Graubard: Wie mein Freund Jankl Batlen zum Redakteur wurde

Chejder (Pl. Chadorim)   Traditionelle religiöse jüdische Grundschule
Jeschiwe   Talmudschule

Israel Kaplan: Ein Häufchen Scherben

Ichud   Zionistische Einheitspartei der Schejres Haplejte
Amalek   Amalek wird in der jüdischen Überlieferung als ewiger Feind der Juden identifiziert. Die hier zitierte Bibelstelle (Deuteronomium 25:17) wurde von den jüdischen DPs auf Deutschland übertragen

Binyomin Elis: Ein Wurm

MP   Military Police, Militärpolizei der britischen und amerikanischen Besatzungsmächte

Yitskhok Perlov: Unsere Kinder

UNRRA   United Nations Relief and Rehabilitation Administration, Hilfsorganisation der UNO, die sich nach Kriegsende um die Repatriierung und Versorgung der Displaced Persons kümmerte. In Deutschland wurde sie Ende 1946 durch die International Refugee Organization (IRO) abgelöst

Bibliographie

Shloyme Berlinski, A dor fun breyshes, München 1947.

Binyomin Elis, In aza velt. Dertseylungen, Stuttgart 1948.

Yitskhok Goldkorn, Lider, München 1950.

Baruch Graubard, Geven a sheyres-hapleyte. Notitsbukh fun Moyshe Yoslen. München 1949.

Meyer-Ber Gutman, Farvolknte teg (lider), Bergen-Belsen 1949.

Meir Halpern, A veg in der nakht, München 1949.

Israel Kaplan, Hayflekh shpliters, in: Shriftn far literatur, kunst un gezelshaftlekhe fragn, München 1948, S. 45–61.

Malke Kelerikh, Tsurik tsum lebn. Dertseylungen, München 1948.

Yekhezkl Keytlman, Oysterlishe geshikhtn, Regensburg 1947.

Mordkhe Libhaber, Trit in shotn, München 1949.

Malascha Mali, Geviter, München 1948.

Mendel Mann, Yerushe. Lider, Regensburg 1947.

Mates Olitski, In fremdn land, Eschwege 1948.

Yitskhok Perlov, Undzer like-khame. Lider 1939–1946, München 1947.

—, „Ekzodus 1947“. Poeme un andere lider, München 1948.

Meylekh Tshemni, Teg azelkhe. Dertseylungen, München 1948.

—, Uzbekistan. Tipn un bilder, München 1949.

Hershl Vaynroykh, Goles Bayern (noveln un skitsn), München 1947.

Dovid Volpe, A briv, in: Undzer veg, nr. 20.

—, Berchtesgaden 1947, in: Shriftn far literatur, kunst un gezelshaftlekhe fragn, München 1948, S. 40–42.

Shloyme Vorzoger, Zayn. Lider, München 1948.

Biographische Informationen

Shloyme Berlinski wurde 1900 in Kielce im heutigen Polen geboren. Nach seiner Bar Mitzwa ging er bei einem Hutmacher in die Lehre. Berlinski lebte in Lodz und Warschau, wo er erste Texte in der jiddischen Presse veröffentlichte. Seine drei ersten Bücher erschienen in den dreißiger Jahren in Warschau: *Indroysn* (1930), *Tsu a nayer velt* (1933), *A lebn geyt oyf* (1937), letzteres wurde 1948 in München neu aufgelegt. Nach seiner Flucht in die Sowjetunion, wo er die Kriegsjahre überlebte, konnte er in Minsk eine Sammlung Kurzgeschichten unter dem Titel *Geklibene dertseylungen* (1941) veröffentlichen. Nach seiner Repatriierung entschied sich Berlinski dazu, Polen zu verlassen und lebte 1946–1948 in Gräfelfing, bevor er nach Israel emigrieren konnte. In München konnte er 1947 weitere Kurzgeschichten in *A dor fun breyshes* herausgeben. 1956 gab der Verband der polnischen Juden in Buenos Aires seinen Erzählband *Yerushe* heraus, zwei Jahre später folgte *Bilder un dertseylungen* in Tel Aviv. 1950 erschien *A lebn geyt oyf* in hebräischer Übersetzung, 1954 erschienen ebenfalls in hebräischer Sprache Erzählungen unter dem Titel *Jerach adom*. Shloyme Berlinski starb 1959 in Tel Aviv.

Binyomin Elis wurde 1907 in Radom geboren. Der aus armen Verhältnissen stammende Elis lebte in Lodz, Warschau und Vilnius. Erste Veröffentlichungen waren *Heymloze* (Warschau 1931) und das Drama *Ba der grenets* (Warschau 1936). 1941, nach seiner Flucht in die Sowjetunion, erschien in Minsk *Shrek*. In Stuttgart folgte 1948 der Erzählband *In aza velt*. Nach seiner Emigration in die USA erschienen *Ba farsheydene tishn* (New York 1955), *Afn veg tsum bunker* (New York 1962) und das Theaterstück *Zeperirte* (New York 1978). Binyomin Elis starb 1984 in New York.

Yitskhok Goldkorn wurde 1913 im damals russischen Szydłowiec bei Radom geboren. Seit 1930 lebte in Lodz, wo er als Elektrotechniker arbeitete und erste literarische Arbeiten vorlegte, die in Itshe Meyer Vayesnbergs literarischer Zeitschrift *Indzer hofenung* (Warschau), im Lodzer *Nayer folksblat* (1931–1936) und in *Afn shteynernem bruk* (Lodz 1935). 1938 publizierte er seinen ersten Lyrikband *Nokturn. Lirishe lider* (Lodz/Warschau). Goldkorn überlebte den Zweiten Weltkrieg in Sibirien, Mittelasien und als Rotarmist bei Leningrad. 1946 gelangte er nach Deutschland, wo er für verschiedene DP-Zeitungen und -Zeitschriften wie *Bayfrayung*, *Nayvelt*, *Der morgn*, *Hemshekh*, *Yidishe bilder*, *Shriftn* (alle München) sowie für die *Landsberger lager-cajtung* (später *Jidisze cajtung*) schrieb. 1951 emigrierte Goldkorn nach Kanada, wo er Herausgeber und Redakteur der Montrealer Zeitschrift *Vidershtand* war (erschienen 1957–1959). Er veröffentlichte Essaysammlungen über jiddische Literatur und jiddische Schriftsteller, Gedichte und Erzählungen: *Literarishe siluetn* (München 1949), *Lider* (München 1950), *Epigramatish* (Montreal 1954), *Fun velt-kval* (Tel Aviv 1963), *Lodzher portretn* (Tel Aviv 1963), *Zingers un zogers* (Tel Aviv 1971), *Heymishe un fremde. Literarishe etyudn* (Buenos Aires 1975), *Mesholim* (New York 1975), *Der farkishefter yarid* (New York 1976), *Kurts un sharf. Epigramen* (Toronto 1981) und *letster shnit* (Toronto 1984). Yitskhok Goldkorn starb 1988 in Toronto.

Baruch Graubard wurde 1900 im ostgalizischen Skole geboren, das damals zu Österreich-Ungarn gehörte. Er studierte an den Universitäten Wien und Lemberg Literatur, Geschichte und Pädagogik, arbeitete als Lehrer und Hochschuldozent. 1944 konnte er mit seiner Familie aus dem Ghetto Kielce flüchten und sich bis Kriegsende in einem Franziskanerkloster im slowakischen Prešov verstecken. Über Polen gelangte er 1946 nach München, wo er einige Zeit für das Kulturamt beim Zentralkomitee tätig war, das

Hebräische Gymnasium in München leitete und mit Artikeln und Feuilletons in den DP-Zeitungen *Morgn*, *Bafrayung*, und *Undzer haynt* (alle München) präsent war. 1948/49 war er Mitredakteur der Kulturzeitschrift *Hemshekh* (München). 1949 erschienen seine Satiren unter dem Titel *Geven a sheyres-hapleyte* in München. Graubard unterrichtete Judaistik an der Universität Marburg und war Vizepräsident der Israelitischen Kultusgemeinde München. Unter anderem erschienen von ihm *Gelesen in den Büchern Mose* (München 1965) und *Wort, das euer Leben ist*. *Aus der Glaubenserfahrung Israels* (München 1974). 1965 wurde sein Drama *Festung ohne Mauer* in Tübingen uraufgeführt. Baruch Graubard starb 1976 in München.

Meyer-Ber Gutman wurde 1897 in Lodz geboren und verkehrte dort in Theaterkreisen. Er war bis 1944 im Lodzer Ghetto, wurde dann nach Auschwitz deportiert. Nach der Befreiung veröffentlichte er Artikel in den DP-Zeitungen *Undzer shtime* (Bergen-Belsen 1946) und *St. Otilier bleter* (1947). 1947 war Gutman Redaktionsmitglied der Bergen-Belsener Zeitschrift *Tsoytn – zamlheft far literatur, kritik un gezelshaftlekhe frages*. Im selben Jahr erschien in Bergen-Belsen sein Gedichtband *Farvolknte teg*. Gutman wanderte 1951 nach Chicago aus und arbeitete als Lehrer an der dortigen *Arbeter-Ring* Schule. Über seinen weiteren Lebensweg ist nichts bekannt.

Meir Halperin wurde 1905 in Lodz geboren. Frühe Texte wurden in der Warschauer Jiddischen Presse veröffentlicht. Sein erster Gedichtband erschien unter dem Titel *Lider* (Warschau 1937). Zu Beginn des Zweiten Weltkrieges flüchtete er in die Sowjetunion. Nach Kriegsende kehrte er nach Polen zurück und gelangte von dort aus nach Deutschland, wo er bis zu seiner Emigration nach Israel 1949 blieb. Sein zweiter Gedichtband *A veg in der nakht* erschien 1948 in München; 1982 wurde in Tel Aviv posthum *A tir tsum droysn* veröffentlicht. Die Gedichte Halperins wurden in *Tsukunft* (New York) und *Letste nayes* (Tel Aviv) veröffentlicht. Meir Halpern starb 1980 in Tel Aviv.

Benjamin Harshav (**né Hrushovski**) wurde 1928 in Wilna geboren. Im Zweiten Weltkrieg flüchtete seine Familie in die Sowjetunion. 1946 wurde er Mitglied der zionistisch-sozialistischen Jugendorganisation Dror-Hechalutz Hazair und gelangte mit ihr nach München. Dort schrieb er für DP-Zeitschriften wie *Af der vakh* und wurde Mitherausgeber der zweisprachigen Hebräisch/Jiddischen Monatsschrift *Lehawot*. 1948 erschien sein Erstlingswerk *Shtoybn* unter dem Pseudonym H. Binyomin. Im Mai 1948 erreichte er Israel und wurde Mitglied der Palmach. Nach dem Unabhängigkeitskrieg studierte er an der Hebräischen Universität Jerusalem Jüdische Literatur und Jüdische Geschichte und Komparatistik in Yale. 1960-1966 lehrte er an der Hebräischen Universität. 1966 gründete er die Abteilung für Poetik und Komparatistik an der Tel Aviv Universität, der er bis 1971 vorstand, sowie 1975 das Porter Institute for Poetics and Semiotics. Seit 1987 ist Benjamin Harshav Professor für Komparatistik und slawische Sprachen und Literatur an der Universität Yale und Professor emeritus für Literaturtheorie und Poetik an der Tel Aviv Universität. Er ist Gründer und Herausgeber von Zeitschriften wie *Hasifrut*, *Poetics and Theory of Literature* oder *Poetics Today*. Zu den zahlreichen englischen Veröffentlichungen Harshavs zählen u.a. *American Yiddish Poetry* (Stanford 1986), *The Meaning of Yiddish* (Berkeley 1990), *Avrom Sutskever – Selected Poetry and Prose* (Berkeley 1991), *Language in Time of Revolution* (Berkeley 1993), *Yehuda Amichai. Selected and Translated by Benjamin Harshav* (New York 1993), *Marc Chagall on Art and Culture* (Stanford 2003), *Marc Chagall and the Lost Jewish World. The Nature of his Art and Iconography* (New York 2006), *Sing, Stranger: A Century of American Yiddish Poetry* (Stanford 2006), *The Moscow Yiddish Theatre. Art in the Time of Revolution* (New Haven 2008) sowie die beiden Essaybände *Explora-*

tion in Poetics (Stanford 2007) und *The Polyphony of Jewish Culture* (Stanford 2007). Zwischen den 1960er und 1980er Jahren publizierte er zahlreiche Essays zur Poetik, die überwiegend in seinen gesammelten Werken auf Hebräisch zu finden sind (Jerusalem 2000–2008). Harshavs Bücher liegen in zwölf Sprachen vor.

Israel Kaplan wurde 1902 in Volozhin geboren. 1919 zog er nach Kaunas und nahm dort ein Geschichtsstudium auf. Erste Feuilletons Kaplans erschienen im *Kovner tog*, später folgten Artikel und Erzählungen in *Yidishe shtime* (Kaunas). Kaplan überlebte die NS-Okkupation in den Ghettos von Slobodka und Riga, den KZs Kaiserwald und schließlich Dachau. Er leitete die Zentrale Historische Kommission in München und war Redakteur der historischen Zeitschrift *Fun letstn khurbn* (1947-1948). Ebenfalls in Deutschland veröffentlichte er sein Essay *In der togteglekher historisher arbet* (München 1947) und eine Sammlung von Ausdrücken aus der Ghetto- und KZ-Sprache unter dem Titel *Dos folksmoyl in natsi-klem* (München 1949). Kaplan war Mitarbeiter der DP-Zeitungen *Undzer veg, Dos vort* und *Landsberger lager-cajtung* (später *Jidisze cajtung*). 1949 emigrierte er nach Israel. Dort edierte er verschiedene Bände von *Yahadut Lita* (Tel Aviv) und schrieb hebräische Schulbücher. Zudem veröffentlichte er eine Reihe von jiddischen Erzählungen: *Shliakh un umveg* (Tel Aviv 1964), *Geshlayder* (Tel Aviv 1970), *Tsaytnshnit* (Tel Aviv 1976) und auf hebräisch *Gur jeruschalmi we'od sipurim* (Tel Aviv 1980). Israel Kaplan starb 2003 in Israel.

Malke Kelerikh wurde 1897 im russischen Rowno (heute ukr. Riwne) geboren. Ihre Erzählung *Eygns* erschien 1931 in Rowno, außerdem schrieb sie damals für *Moment* und *Undzer ekspres* (Warschau). Ihr 1948 in München veröffentlichter Erzählband *Tsurik tsum lebn* erschien 1979 in Tel Aviv in hebräischer Übersetzung als *Hakelew we'ani*. Weitere Informationen zu ihrem Leben sind nicht bekannt.

Yekhezkl Keytlman wurde 1905 in Mielec geboren (damals im österreichisch-ungarischen Galizien). Sein literarisches Debüt gab er im *Vilner tog*. 1931 erschien die Erzählung *Unter di tslomim* in Itshe Meyer Vaysenbergs *Indzer hofenung*. In Buchform folgte *Mitn ponim tsu zikh. Noveln* (Warschau 1932). Den Zweiten Weltkrieg überlebte er in Usbekistan. Seine Frau und sein Kind kamen in Polen um. Von 1946 bis zu seiner Emigration in die USA 1951 lebte er in Regensburg. Dort war er Mitredakteur der Regensburger Jiddischen Zeitung *Undzer moment* und veröffentlichte einzelne Beiträge in den DP-Publikationen *Unzer haynt* und *Hemshekh*. Seine Erzählungen *Oysterlishe geshikhtn un andere dertseylungen* erschienen 1947 in Regensburg. In den USA folgte *Oysgehakte velder. Dertseylungen* (New York/Philadelphia 1952). Im Sammelband *Fun noentn over* (New York 1955) erschien seine Studie über die Juden in seiner Heimatstadt unter dem Titel *Di kehile in Melits*. 1964 trug er einen Text zum *Galitsye gedenkbukh* (Buenos Aires 1964) bei. 1967 wurde Keytlmans Buch *Oyfn veg keyn Uman* (New York) veröffentlicht. 1970 erschien in Hebräisch *Harakewet we-od sipurim*. Außerdem schrieb er verschiedene Einträge für das bio-bibliographische Schriftstellerlexikon *Leksikon fun der nayer yidisher literatur*. Yekhezkl Keytlman starb Ende der 60er Jahre.

Mordkhe Libhaber wurde 1917 in Markuszów bei Lublin geboren. Zu seinen ersten Veröffentlichungen zählten Erzählungen und Gedichte in der jüdisch-polnischen Zeitschrift *Opinia*. In Warschau erschienen seine polnischen Kurzgeschichten unter dem Titel *Kazania* sowie 1938 ein Band jiddischer Kurzgeschichten unter dem Titel *Zamdn*. Während des Zweiten Weltkrieges befand sich Libhaber in der UdSSR. Nach seiner Repatriierung flüchtete er nach Deutschland und lebte im DP-Lager Föhrenwald und später in München. Libhaber war Redakteur der Zeitung *Ibergang* (1946–1948), dem Organ der polnischen Juden in der amerikanischen Besatzungszone. Außerdem schrieb er Gedichte und Artikel für *Undzer veg*, *Di tsienistishe shtime* und *Shriftn* (alle München). 1949 wurde sein Gedichtband *Trit in shotn* in München publiziert. 1951 emigrierte Libhaber in die USA, wo er als Hebräischlehrer und Rabbiner in St. Louis tätig war.

Malascha Mali wurde 1921 in Lodz geboren. Ihre ersten Arbeiten erschienen 1938 in den Zeitungen *Bafrayung* und *Dos vort* (beide Warschau). Zwischen 1940 und 1946 befand sie sich in der Sowjetunion. Nach ihrer Repatriierung flüchtete sie weiter in die Amerikanische Besatzungszone Deutschlands. Dort schrieb sie 1947 für die *Khoydeshbleter far literatur*, ab 1948 auch für *Bafrayung*, *Hemshekh*, *Der morgn* und die Lodzer Zeitung *Arbeter-vort*. Ihre Erzählungen erschienen 1948 in München unter dem Titel *Geviter*. Nach ihrer Emigration nach Israel wurden ihre Texte u.a. in *Yung-Yisroel*, *Nayvelt*, *Di goldene keyt* (Tel Aviv) gedruckt. 1963 erschien in Tel Aviv *Tsvey veltn*. Über ihr weiteres Leben ist nichts bekannt.

Mendel Mann wurde 1916 im nordwestlich von Warschau gelegenen Płońsk geboren. Er veröffentlichte zunächst Gedichte, Erzählungen und Essays in zahlreichen Zeitungen und Zeitschriften wie *Literarishe bleter*, *Folkstsaytung* und *Arbeter tsaytung*. Beim Ausbruch des Zweiten Weltkriegs lebte er in Warschau, von wo er nach Brest-Litowsk und weiter ins Innere der Sowjetunion flüchtete. Als Rotarmist erlebte er den Einmarsch in Berlin im Mai 1945. Nach Kriegsende ging Mann nach Lodz, wo 1945 seine Gedichtsammlung *Di shtilkeyt mont* als erster jiddischer Gedichtband im Nachkriegspolen veröffentlicht wurde. 1946 flüchtete er nach Regensburg, wo er Redakteur von *Der nayer moment* (später *Undzer moment*) wurde. Er veröffentlichte dort einen weiteren Gedichtband unter dem Titel *Yerushe* (1947). 1948 emigrierte er nach Israel. 1949 wurde Mendel Mann Redaktionssekretär von Avrom Sutskevers Literaturzeitschrift *Di goldene keyt*. 1961 ließ sich Mann in Paris nieder. Er war Herausgeber von *Undzer vort* sowie des jiddischen Teils von *Sefer Plonsk wehaswiwa* (1963) und schrieb für zahlreiche jiddische Zeitungen und Zeitschriften (*Die prese*, *Der tog*, *Di tsukunft*, *Nayvelt* usw.) sowie für die hebräische Presse (*Dawar*, *Al hamischmar*). Zu seinen Buchpublikationen gehören die Kriegstrilogie *Ba di toyern fun Moskve* (New York 1956), *Bay der Vaysl* (Tel Aviv 1958) und *Dos faln fun Berlin* (New York 1960). Weitere Romane und Erzählbände sind *Oyfgevakhte erd* (Tel Aviv 1953), *In a farvorloztn dorf* (Buenos Aires 1954), *Nakht iber Glushino* (Tel Aviv 1957), *Di gas fun bliendike mandlen* (Buenos Aires 1958), *Al naharoys Poyln* (Paris 1962), *Kerner in midber* (Paris 1966), *Der shvartser demb* (Paris 1969), *Mentshn fun Tengushay* (Tel Aviv 1970), *Fun Golan bis Sharm a-sheykh* (Tel Aviv 1973) und die posthum veröffentlichte autobiographische Erzählung *Di yidish-poylishe milhkome* (Tel Aviv 1978). Mendel Mann starb 1975 in Paris. Seine Romane sind in englischer, französischer, deutscher und hebräischer Übersetzung erschienen.

Mates Olitski wurde 1915 in Trisk geboren, lebte später in Warschau. Er überlebte den Krieg in der Sowjetunion. In Deutschland veröffentlichte er seinen ersten Gedichtband *In fremdn land* (Eschwege 1948) und schrieb für die DP-Zeitung *Af der vakh*. Nach seiner Emigration in die USA wurde er Lehrer an den *Arbeter-Ring* Schulen in New York. Zu seinen weiteren Veröffentlichungen zählen *Freylekhe teg* (New York 1962), *Lider far yugnt* (1974), *Lider fun frier un itst* (1980), *Lid un esey* (1988). Zusammen mit seinem Bruder, dem Dichter Leyb Olitski, veröffentlichte er 1967 *Lider tsu a bruder*. *Geklibene lider*. Mates Olitski starb 2008 in New York.

Yitskhok Perlov wurde 1911 in Biała Podlaska geboren und lebte später in Warschau. 1928 erschien erstmals eines seiner Gedichte in *Literarishe bleter* (Warschau). Er schrieb regelmäßig für verschiedene Zeitungen wie *Haynt, Moment, Folkstsaytung* und *Ershter shnit*. Außerdem war er Redaktionsmitglied von *Zalbe akht, Shtile oyfn bruk* und *Varshever bleter* (alle Warschau). Seine ersten Gedichtbände waren *Untergang* (1935) und *Frundza verde* (1934). 1936 veröffentlichte er den Roman *Blondzhnde kayafn* (Warschau). Zu seinen wichtigsten Bühnenstücken gehören *Goldene zangen*, ein Dreiakter aus dem Jahre 1938, *Abi men zet zikh* (1939) und *Blinde pasazshirn* (1939), die alle vor dem Krieg in Polen uraufgeführt wurden. 1940 flüchtete Perlov in die UdSSR. Nach seiner Repatriierung hielt er sich nach dem Krieg für kurze Zeit in Lodz auf, gelangte dann nach Deutschland. Perlov schrieb für die DP-Zeitungen *Undzer veg, Bafrayung, Landsberger lager-cajtung (später Jidisze cajtung)* und *Vokhnblat* sowie für ausländische Zeitungen und Zeitschriften. Er war als Passagier an Bord der Exodus 1947. Seine Erlebnisse verarbeitete er in *Ekzodus* (München 1947) und *Di mentshn fun Ekzodus* (Buenos Aires 1949). Ebenfalls in Deutschland erschienen *Undzer regnboygn. Baladn un lider* (München 1948) und *Undzer like-khame. Lider 1939–1946* (München 1947). 1949 emigrierte Perlov nach Israel. Seit 1961 lebte er in New York. 1952 erschienen der Roman der *Tsurikgekumener* und die Israel-Erzählung *In eygenem land* (Buenos Aires). 1954 folgte die Erzählung *Matilde lebt* (Buenos Aires), 1955 erschienen die Romane *Dzhebelia* (Buenos Aires) und *Flora Ingber* (Tel Aviv), 1959 schließlich der Roman *Mayne zibn gute yor* (Tel Aviv). Perlov veröffentlichte außerdem die Erzählungen *Di kenigin fun di zumpn* und *Der elnter dor* im *Forverts* (New York). 1959 erschien seine jiddische Übersetzung von Boris Pasternaks *Dr. Schiwago*. Seine gesammelten Werke erschienen 1954 in Tel Aviv. Yitskhok Perlov starb 1980 in New York.

Meylekh Tshemni wurde 1910 in Warschau geboren. In den 1930er Jahren veröffentlichte er Reportagen, Skizzen und Erzählungen unter anderem in den Zeitungen *Folks-tsaytung, Undzer exzpres* und *Dos vort* (Warschau). 1939 erschien der Prosaband *Di mishpoke Fintster* in Warschau. Tshemni überlebte den Zweiten Weltkrieg in der UdSSR, zunächst in Białystok, dann in Usbekistan. 1946 gelangte er über Polen nach Deutschland, wo er bis 1952 als Mitarbeiter verschiedener Zeitungen tätig blieb. Seine Beiträge sind zu finden in *Landsberger lager-cajtung* (später *Jidisze cajtung*), *Hemshekh, Dos vort, Undzer velt, Af der vakh, Shriftn* und *Naye yidishe tsaytung*, in deren Redaktion er bis zu seiner Auswanderung beschäftigt war. Korrespondenzberichte erschienen in *Morgn-zhurnal* und *Der tog* (New York). 1948 bzw. 1949 erschienen die Erzählbände *Teg azelkhe* und *Uzbekistan* in München. 1952 emigrierte Tshemni nach Buenos Aires, wo er als Mitarbeiter bei *Di prese* tätig war. Im selben Jahr erschien seine Erzählung *Poylishe yidn* (Buenos Aires), 1956 *Oysgevortslte* (Buenos Aires). Tshemni lebte zwei Jahre in Rio de Janeiro, bevor er 1958 nach Israel emigrierte. Seit 1960 war er Herausgeber des Journals *Blitsn. Far polemik, literatur, kritik un kultur-gezelshaftlekhe inyonim*. In den Jahren 1971–1973 erschien außerdem seine Autobiographie *Vunder in vander. Bletlekh fun mayn togbukh, september 1939–september 1969*.

Hershl Vaynroykh (Vinokur) wurde 1903 in der Nähe von Kiew geboren und wuchs in Odessa auf. Von 1932–1938 lebte er in Birobidjan. Literarische Anfänge in russischer Sprache, unter dem Einfluss der jüdischen Sektion der kommunistischen Partei wandte er sich jedoch bald dem Jiddischen zu. Eine erste Erzählung *Itke fun Shveypros* erschien 1926 im Moskauer *Emes*, später schrieb er auch für die Zeitungen und Zeitschriften *Shtern* (Kharkov), *Oktiabr*, *Yunger arbeter* (Minsk) und *Di royte velt* (Kiew). Außerdem war er Hilfsredakteur des *Birobidzhaner shtern*. Vor dem Krieg erschienen seine Bücher *Taygeberg* (Minsk 1935), *A brik iber der Bire* (Minsk 1936) und *Der ershter yeger* (Minsk 1939). Während des Zweiten Weltkrieges war er zunächst in der Ukraine, dann im Minsker Ghetto. 1941 erschien *Dos yingl fun Akhrimove* (Minsk). 1942 Organisation einer Partisanengruppe. Kämpfte schließlich für die Rote Armee. 1946 gelangte er über Rumänien nach Deutschland. 1947 folgte die Emigration nach Palästina und 1948 in die Vereinigten Staaten. In Deutschland schrieb er für die DP-Zeitung *Undzer veg* und veröffentlichte 1947 in München Erzählungen unter dem Titel *Goles Bayern*. In Amerika erschienen *Blut af der zun* (New York 1950), *Durkh zibn fayern* (New York 1951), *Adamizm* (New York 1954), *Komisarn* (Buenos Aires 1962) und *Ven di zun fargeyt un di muze veynt* (1982). Vaynroykh starb 1983 in New York.

Dovid Volpe wurde 1908 im litauischen Keidan geboren. 1930 emigrierte er nach Palästina, um 1937 wieder nach Litauen zurückzukehren. Volpe überlebte den Holocaust zunächst im Slobodker Ghetto und später im Konzentrationslager Dachau. Er blieb bis 1951 in München, wanderte dann nach Südafrika aus. Volpe schrieb Gedichte, Erzählungen, Publizistik und Literaturkritik für die Münchener Zeitungen und Zeitschriften *Undzer veg*, *Dos vort*, *Landsberger lager-cajtung (später Jidisze cajtung)*, *Bafrayung*, *Undzer velt*, *Fun letstn khurbn*. Später erschienen Beiträge in der Tel Aviver Zeitschrift *Di goldene keyt* und in *Afrikaner yidishe tsaytung*. Von 1955–1970 war er Redakteur von *Dorem-Afrike*. Volpe schrieb auch in Hebräisch. In Buchform erschienen *A volkn un a veg* (Johannesburg 1978), *A vort in zayn tsayt* (Johannesburg 1984), *Mit Avrom Sutskever iber zayn lidervelt* (Johannesburg 1985), *Heymen, khaloymes, koshmarn* (Johannesburg 1987), *Lider, poemes, esey krikveg* (Johannesburg 1991) und zuletzt seine Autobiographie *Ikh un mayn velt* (2 Bde., Johannesburg 1997/1999).

Shloyme Vorzoger wurde 1917 in Chelm geboren (heute Polen). Sein literarisches Debüt hatte er 1933 mit einem Gedicht in der Warschauer Zeitschrift *Fraye yugnt*. Später veröffentlichte man seine Gedichte auch in *Der fraynt* (Warschau). Während des Zweiten Weltkrieges lebte Vorzoger in der Sowjetunion, nach der Befreiung kurz in Polen und danach in Deutschland. Er schrieb regelmäßig für die DP-Zeitungen *bafrayung*, *Af der vakh*, *Hemshekh* (München), *Oyfgang* (Österreich) und später auch für *Di Argentinishe yidishe tsaytung*, *Folksblat* (Montevideo), für *Undzer vort* (Paris), *Letste nayes*, *Di goldene keyt* (Tel Aviv), *Tsukunft* (New York) usw. 1948 erschien sein Gedichtband *Zayn* (München). 1949 Emigration nach Israel. In Buchform erschienen in Tel Aviv *Broyt* (1960), *Zamd* (1963), *Goyroles* (1967), *Yorn* (1973), *Do geyt uf di zun* (1975), *9 sipurim* (hebräische Übersetzung 1979), *Hi* (1982), *Azoy tsu zogn* (1985), *Yomergezang* (1987), *Yuni 1941* (Tel Aviv 1988), *Halina* (1990, hebräische Übersetzung 1996), *Doyres* (1992) und *Libshaft* (1996).